地域を変えるランドスケープ
はみだしの設計思考

地域を変えるランドスケープ

はみだしの設計思考

スタジオテラ

石井秀幸＋野田亜木子 ［著］

Ohmsha

はじめに

風景はどの土地にもあるものです。

　風景に良し悪しはなく、それぞれの風景には異なる個性やかかわってきた人びとの思い、その場に宿る命が少なからずあります。私たちはランドスケープデザインを、無から創造することではなく土地の個性を読み解き、「場を再編集する行為」だと考えています。目の前の土地が内包する魅力や課題を丁寧に拾いあげていく作業です。

　それは、いまを生きる地域の人びとに向けられたものでもありますし、100年先、1000年先の人びとや、時には人以外の生き物の拠りどころをつくることでもあります。中でも興味深いことは、設計者は決して「終わりを見ることができない」ことです。私たちがデザインした風景は時間の経過とともに絶え間なくその姿を変え続け、そこに人がかかわり続けることで、次の世代にとっての「原風景」が育まれていくのです。

　「地域を変えるランドスケープ」とは、再開発のように新しいものができることで変わる風景ではなく、人びとがかかわることで生まれる風景、人がかかわり続けることで育まれていく風景を意味しています。

　この場づくりでは、地域の人がいつもの自分の領域から少しはみだして地域の変化を「自分ごと」だと捉えることが重要です。私たちスタジオテラはこれまでにさまざまな場所で地域や人と向き合い、かかわるためのきっかけや場を大切にしながら風景を設計してきました。

　この本では、それらを「はみだしの設計思考（設計術）」と名づけ、実際のプロジェクトに合わせてご紹介します。

[目次]

III. 境界の存在を捉えなおす

IV. 土地の時間軸を考える

I 継続する場とのかかわりを考える

　ランドスケープアーキテクトという職能の最大の魅力は、自分が生きている間に完成の形を見ることができないことだと思っています。ともにつくりあげた人たちと場を大切に育み、次の世代に受け継いでいく。まるで長い物語を描いているようです。

　人と場のかかわりが世代を超えて「継続する」ことが重要です。

まちの人がはみだす

石巻・川の上プロジェクト

（1期 百俵館・黒石の広場／2期 耕人館・たねもみ広場）

プロジェクトの
成り立ち

　私たちの事務所・スタジオテラ設立のきっかけは東日本大震災でした。2011年5月、被災地の宮城県石巻市に駆けつけた私は、自然のとてつもない力を目の当たりにし、人がつくり出すものへの無力さを感じていました。泥出しのボランティアに参加する中で、ランドスケープアーキテクトの自分に何ができるのだろうかという自問自答の末「大地に寄り添いながらあるべき風景をデザインしたい」という思いから2013年スタジオテラ設立に至りました。

　事務所を設立して間もない、風景をつくることへの希望と不安が入り混じっていたこの時期に、石巻・川の上プロジェクト

　代表の三浦秀之さんと出会えたことは、その後の私たちの場づくりに多大なる影響を与えています。

　計画地は、宮城県石巻市の市街地北部に位置する川の上地区。北側には沢田山、残り三方を北上川、追波川、旧北上川にぐるりと囲まれた自然豊かな集落です。この地区は、東日本大震災で甚大な被害を免れ、市内沿岸部で被災した複数の地区から、約400世帯の方々の移住先となりました。

　そこで地区の地主のひとり、三浦秀之さんらが発起人となり、新旧住民が交流を図るためのコミュニティスペースの計画が始動しました。

Ⅰ期：百俵館、黒石の広場

　新旧住民へのヒアリングやワークショップを経ながら、「教育のデザイン」「居場所のデザイン」「暮らしのデザイン」の三つの大きなキーワードが据えられ、具体的にどんな場が必要かが話し合われました。

　プロジェクトは、大きく2期に分けられます。1期の「百俵館」と「黒石の広場」は、被災してから約4年後の2015年に完成。築80年の農業倉庫をカフェを併設した図書館にリノベーションし、前面に広場をつくりました。

　2期では、敷地内の既存棟を再生し、自習室などに使われる「耕人館」とイベントスペースや遊び場となる「たねもみ広場」

沢田山のすそにある計画地

　を整備。2018年に完成しました。現在は3期となる沢田山の
整備が行われようとしています。
　この場所では定期的に朝市や手づくりマーケットが開かれ、
夕方からは50名ほどの中学生が通う学習塾としても使われて
います。行政主導ではなく、志のある地元の方が生み出したコ
ミュニティ拠点は、地域に愛される存在になっています。

　　　　　　　　　　　　　　　　　　　I. 継続する場とのかかわりを考える

　　　　　　　　　　　　　　　　　　I. 継続する場とのかかわりを考える

誰もが参加できるプロセスにする

　風景を育むためには、年齢、性別、ハンディキャップなどを超えて、地域の人びとがかかわることが必要不可欠です。場づくりを自分ごとと捉え、完成後もさまざまな人が継続してかかわると、場は唯一無二の存在になります。

　そのためには、まずランドスケープデザインのあり方そのものを見直す必要があります。場のあり方を話し合う時間、工事のプロセス、扱う素材、継続的な人のかかわりを生み出すデザインなど、開拓の余地は随所にあります。中でも重要なことは、つくる過程をオープンにして、地域の人びとと職人が共働しやすくすることです。

石張り WS のつくり方マニュアル

●地域の職人とつくる

　地域の工務店や職人が居なくなると、その土地に根ざした風景が変わってしまう。そんな思いから、石巻の職人と住民が協力しながらつくる方法を模索していました。

　そこで意識したのはプロとアマの役割をはっきり「区別する」こと。決してプロが優位という話ではなく、区別することで、プロはプロとしてのよさを住民に理解される機会となり、住民は住民で自分が手がけた空間に誇りをもつ機会になります。両者がかかわりをもちながら、各々が際立つようにしていこうと考えたのです。住民参加型の場づくりとはいえ、職人にはきちんと工事費やレクチャーの日当が支払われることも大切にしていました。

　「黒石の広場」をつくるための石張りワークショップは、職人に指導を仰ぎながら進めました。住民はプロと同じ道具を使い、石の割り方から石の張り方、モルタルの練り方を学び、実践するのです。難しい石積みの工事は職人が担当。参加者は職人の技を間近に見ながら、石を床面に張る自分たちの作業を黙々と続けました。最初は参加住民と距離があった職人も、作業の様子を見守る中で「結構みんなやるもんだ」と感心しているようでした。

　地域の職人と住民が共働する場づくりの手法は、その後も公共・民間問わず、さまざまなプロジェクトで提案しています。

　　　　　　　　　　　　　　I. 継続する場とのかかわりを考える

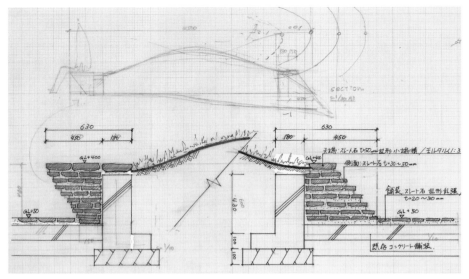

黒石、植栽ます兼ベンチのスケッチ

●地域の素材でつくる

　このプロジェクトは、助成金などに頼らず進められ、資金には限りがありました。そこで、樹木や石といった素材は地域で手に入るものを基本としました。それでも予算の壁は高く、調整に四苦八苦していました。

　そんなある日、三浦さんから「自分の土地である沢田山の石を使えそうなら活用してほしい」と連絡を受けました。

　山には黒色できめ細やかな表情をもつ美しい石が至るところにありました。それは「雄勝石」とも呼ばれる玄昌石で、昔は東京駅の屋根材や、硯にも使われていたそうです。ぜひこの石を活かしたいと思い、この日を境に広場の計画を根本から見直していきました。

　課題は、玄昌石は滑りやすく割れやすいため、あまり床には用いられず、主に壁や屋根材などで使われていた石ということでした。そこで、床材として使えるよう、計画では石の目地幅を通常より広くし、多少の凹凸を残しながら張っています。

　植栽ますにも玄昌石を用い、立ち上がりを薄い石を積層させたデザインとしました。地域の素材を従来と異なる使い方をし、素材の可能性を追い求めました。

●閉じずに工事を行う

通常、工事中には仮囲いが設けられ、中の様子が完成まで分からないことが多いのですが、今回は囲いを最低限にとどめ、工事中の様子がいつでも見える状態にしました。周辺を通る人びとが、毎週ちょっとずつ進んでいく工事を見られることで、興味がわいて会話が生まれたり、工事に参加したりと、人の輪が広がると考えたからです。工事を無理のない範囲で進めることで、住民がかかわる機会を増やせるとも考えていました。

このように、地域の人とのつながりや地場の素材を活かした設計にすることで、修繕が必要になっても再生しやすい「治癒力」のある場づくりができます。

2期ではより難しい石積みにも挑戦

I. 継続する場とのかかわりを考える

職人がつくり出した繊細な植栽ます兼ベンチの石積みと住民が張った荒々しい石の床

時間をかけてつくる

　多くのプロジェクトでは、竣工時の完成度の高さに加え、完成までのスピードが求められます。しかし、あえて一度に完成させず、段階的に時間をかけてつくる方が魅力的な全体像ができあがります。一部を完成させた後、しばらく利用してみることで場所の新しい課題や可能性が明らかになり、次の計画にフィードバックできるからです。徐々に手を入れながら場を育むことはとても大切で、一見、遠回りしているように見えても、結果的には地域に合った魅力的な場所をつくれる確実な方法なのです。

2期：たねもみ広場、耕人館

●生まれた課題を補う

　1期の「百俵館」と「黒石の広場」が完成してから3年かけ2期の「耕人館」と「たねもみ広場」を完成させました。この間に見えてきたのは場所の課題や可能性です。

　それは、地域の交流拠点としてにぎわいが生まれた一方で、子どもたちの学習スペースが不足していたことと、親子連れの来訪者が安心して過ごすことができる場所がなく、滞在が屋内に限られていたことです。また、1期で完成させた「百俵館」に薪ストーブを導入

したことで、地域の方々がもち込んでくれるようになった薪も敷地内に山積みとなり、目につきました。

　そこで2期では、学習や学びの場に特化した「耕人館」、子ども連れの親子の居場所にもなり、薪の保管スペースも兼ねた芝生の「たねもみ広場」に取り組むこととなりました。

柿渋を塗るワークショップの様子

●あえて手間のかかる方法で

　2期では、1期の施設ができるまでとは状況が少し異なりました。まず、集団移転される方が徐々に仮設住宅から本設の住宅に移りはじめたことで落ち着きのある時間をもてるようになったこと。そして完成した「百俵館」を中心に、そこで働く人や訪れる人、そこで学ぶ学生たち、運営を担う若者など、多くの人がかかわるようになったことです。

　そこで、2期の広場の中心に据えるベンチの座面は地元で手に入る杉材とし、約400本の木材の6面に柿渋を4回ずつ塗るという手間と時間がかかる方法でつくることを決めました。杉材は風化しやすいため、通常屋外で使用することは避けるのですが、柿渋を塗ることで長もちさせることができます。また、塗り続ける工程を通じて、愛着をもってもらおうという考えがありました。さらに、天然の柿渋を使えば、ベンチの木材が風化しても薪として再利用できます。保管している薪棚は、「薪が減ってきたからまた増やそうかな」と思ってもらえるように、実習室やカフェから見えるように配置して、内外にいる人のかかわりが増えるように工夫しました。

●「みんな」と共働する

　2期では1期よりもさらに多くの地域住民が主体となり場づくりにかかわりました。地元の若手職人が地元の中学生に木材のヤスリの指導をする姿も、カフェの常連さんがきびきびと作業する姿も見られ、得がたい時間でした。

　作業には、ダウン症などのハンディキャップがある方々も加わっています。その方々は作業に集中することに長けていて、柿渋を丁寧に塗り続ける姿には圧倒されました。「建設」は、たしかに危険をともなうものではありますが、高齢者、子ども、ハンディキャップをもった方もやり方次第で参画できることを確信しました。

　　　　　　　　　　　　　　I. 継続する場とのかかわりを考える

「百俵館」「黒石の広場」（左）と、「耕人館」「たねもみ広場」（右）。広場は全方位から人を受け入れる楕円形とした。視点によって異なる顔を見せる

I. 継続する場とのかかわりを考える

奥の百俵館や右手の耕人館からもれた光が広場をやさしく照らす

石巻・川の上プロジェクト

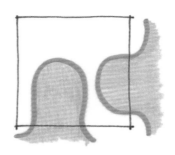

まちの人がはみだす

・東日本大震災をきっかけとする移住

・まちの人が「自分ごと」と捉えてつくり育む
　「終わらない場づくり」

・プロセスを公開し、誰もが得意を活かして
　共働できることを見つける

・地域の素材で地域の人が修繕できる
　「治癒力をもった場づくり」

1期　百俵館・黒石の広場	
植物	ヤマボウシ・ウメモドキ・コグマザサ
材料	玄昌石

2期　耕人館・たねもみ広場	
植物	ノシバ
材料	スギ材柿渋塗装・フトンカゴユニット・不織布・玄昌石

　ランドスケープデザインにおいて大切にしていることが二つあります。ひとつはその場らしい過ごし方ができること、もうひとつは私たちの想定にないような新しい過ごし方を受け入れられる余地を残すことです。その場所に共鳴し、新しく何かをはじめたくなるような「想像の余地」をつくるのです。

　誰もが心地よいと感じる場所には、風・光・水といった自然の要素に「よい流れ」があります。その「流れ」を見極めることが大切です。流れを遮るものやよどみの要因となるものを取り除くことも、場をあるべき姿とする上で重要です。

町田薬師池公園四季彩の杜西園ウェルカムゲート

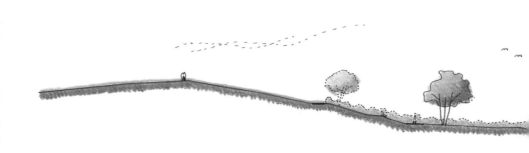

プロジェクトの
成り立ち

　東日本大震災を契機とした「石巻」のプロジェクト以降、建物や屋外空間のプログラムを土地の個性に合わせ、人と自然が対話を重ねながらともに風景を育んでいけるような「終わりのない場づくり」を模索していました。

　計画地は東京都の町田市の豊かな自然が残る丘陵地。このエリアは、薬師池公園、町田リス園、町田えびね苑、町田ダリア園などの複数の公園からなります。事業者の町田市は、エリア全体の回遊性や認知度を高めることを目的に、未整備であった西園とともに「町田薬師池公園四季彩の杜」をブランディングし、西園を計画していくこととしました。

　そこで、(株)connel（代表：萩野正和）がブランドマネージャーと

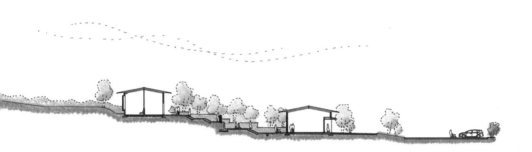

　なり、西園全体と同園内に新たに整備される複合施設部分（ウェ
ルカムゲート）の企画・計画を町田市とともに検討し、複合施設
部分の設計では（株）山田伸彦建築設計事務所（代表：山田伸彦）と
私たちが設計共同体となり、雑木林に囲まれた集落のような
ランドスケープデザインを目指しました。

　建物配置は、丘陵地に沿わせたつくりとするため分棟形式で
す。情報発信・物販、カフェ、貸し切りスペース、無料休憩所が
あります。ランドスケープデザインでは、苗木から育てる雑木林、
高台の展望広場、中腹の斜面地を活かした芝生広場、建物周り
の佇めるテラス空間、それらをつなぐ複数の道を整備し、ラン
ドスケープと建物が渾然一体となった風景をつくっています。

建物の先に広がる雑木林の丘

土地固有の形態を活かす

　長い年月をかけてその土地に刻まれてきた固有のかたちがあります。はじめて現地を訪れる際はそういったかたちが埋もれていないかを丹念に探し、過去の地歴などの資料を掘り起こしながら計画に着手します。時間をかけてアイデアをアウトプットする理由は、その土地の個性は一度手を入れると戻らないからです。埋もれていた土地固有の形態を丁寧に拾いあげることもランドスケープデザインのひとつです。

①尾根の道

②中央の馬蹄形の道

③東側の駐車場に沿った
　急峻な坂道

　全体構成や配棟計画を考える上で、ガイドとなったのは「いにしえの道」でした。

　計画では、すでに土地にあった複数の道を残しながら、緩勾配の散策路を加えています。①尾根の道、②中央の馬蹄形の道、③東側の駐車場に沿った急峻な坂道です。馬蹄形の道の内側は窪地になっていて、道はちょうど縁(へり)の部分と重なります。歴史を遡ると、これらの道はいにしえから人や生き物の生活動線となっていたことが分かりました。

　「道を残す」という選択は、造成や建物の配棟の計画をする上では、制約となります。しかしながら、土地がもつこれまでの記憶とこれからの記憶をつなげるためには、残しながらつくることが大切だと考えたのです。

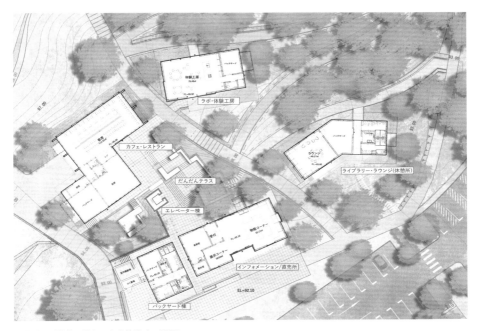

最終的に丘陵地に沿わせた分棟形式の配置に

●いにしえの道をトレースする

　建物の配棟計画は、建築設計者の山田伸彦さんらと共働で検討しました。

　当初町田市では、一棟の大きな施設を敷地中央に据える案を考えていました。そこから「中央の馬蹄形の道」「東側の道」をトレースするように残し、一棟集約案、分棟案、分散配置案など複数案の検討を重ねていきました。最終的には平屋の分棟配置となっていくのですが、建物間の高低差は最大約3mあり、それらをつなぐバリアフリー動線を計画する

ことは、とても困難なものでした。

　一方で、各々の建物や屋外の居場所が異なる高さにあることで、屋内外にいる人びとの「見る・見られる」の関係が生まれます。人と人、人と自然の距離感が絶え間なく変化していくことで、より豊かな空間体験が生まれました。「いにしえの道」を残しながら、場をつくりあげたことで、この場らしい風景や体験を生み出せたのだと思います。

設計共同体での検討案。いにしえの道を残しながら検討を行った

Ⅱ. あるべき姿を考える

風景を遮るものをなくす

　さまざまな人にとっての体験、とりわけ「視点」を大切にしています。高低差を行き来しやすいバリアフリー動線をつくるために、手すりや擁壁が設けられるのを見ると残念な気持ちになります。そもそも動線が分かれてしまったり、手すりが風景への視界をさえぎってしまったりと、むしろ心理的なバリアが生まれているように感じるからです。誰もが隔たりなく共有できるような風景のあり方を模索しました。

　丘陵地特有の起伏に富んだ大地の存在を感じることができるように、高台に上がる動機となるような「見上げの風景」（p44、45参照）に苦心しました。高低差のある場所に対して、勾配をきつくして最短距離のスロープをつくるのではなく、手すりのいらない緩勾配（4％）の散策路をつくることを選択しました。その理由は、手すりがなくなることで散策路の存在が弱まり、丘陵地が際立つと考えたからです。緩勾配の散策路は、歩む距離と時間が長くなり、大地や自然との対話の時間が増

えることにもつながり、この場所には必要だと考えました。

　事業者からは延長距離が長くなってしまうことに対する疑問の声も挙がりましたが、理解を得るため大きな模型をつくるなど、誰もが隔たりなく風景を楽しめる場所の必要性を伝えていきました。

　実際にオープン後に訪れてみると、ペットとの散歩やジョギングする人、車いすの利用者や高齢の方、ベビーカーの親子が行き来しているのを見かけます。日々通われている方

たちもショートカットの階段ではなく、好んで園路を登る姿を見て、「みんなが同じ景色を楽しみながら歩ける空間」というありそうでなかった状況が生まれたと実感しました。

　建物には大きい開口部があり、開放的な設えとなっています。擁壁や手すりがないことで、その窓からはおおらかな斜面の風景と往来する人の姿が見え、内外のつながりを強く感じる、真のバリアフリーな場が生まれたのではないかと思っています。

高低差を活かし建物に囲まれた「だんだんテラス」

見上げの景色。園路の存在が弱まり丘が一体となって迫ってくる（2020年初夏）

II. あるべき姿を考える

自然と連続させる

　どれだけ切り離された空間に見えても、大地の上の一部であることに変わりはありません。ランドスケープの設計は、そこから学びを得てつくるかどうかにかかっています。経験上、とことん自然に寄り添うあり方を模索した方が多くの恩恵を受けられます。

①約10年後に、かつて町田の至るところで見られたような雑木林になることを目指す

②調査をもとに、近隣で生息する樹木を中心に植樹。樹種や高さはランダムに

⑤間伐した枝や葉は、たい肥として利用

③苗木の成長と植物に集まる生物を調査、記録

⑥たい肥で育てた野菜を収穫。レストランや販売所で楽しむ

④3〜5年経つと密度が高まるため、間伐や移植を行う

●地域植生を観察する

　このエリアには薬師池公園をはじめとする雑木林が多く残っていました。最終的にはどこからが既存の林で、どこまでが敷地だったのか境界がわからなくなるような設計を意識しました。計画の段階から森ではなく「林をつくる」と提案してきたのは、人の手から自立して存在する森よりも人の営みと密接である「雑木林」の方が合うと考えてのことです。

　樹種の構成はかつてこの地域で見られた風景の再生を目指し、落葉樹を主体としました。ここでは、500mm〜3000mmの高さの異なる苗木や幼樹を混植し、競いながら育てる試みをしています。そうすることで南斜面の日差しや冬場の北風の影響を和らげる効果が期待できます。このようにして気候や土壌条件への適応力を高めると、根付きがよくなります。

　竣工から数年が経ったいまでは、鳥のさえずりを聞くことができるようになりました。周囲と連続した雑木林となることで、生き物の生息空間をつなぐことにも貢献できたのだと思います。

既存の林から敷地を眺める

植栽されたシンボルツリー（左奥）、幼樹（中列）、苗木（手前）

II. あるべき姿を考える

成長した雑木林 (2023年冬)

Ⅱ. あるべき姿を考える

●雨水を還元する

　屋外の空間をつくる上で、雨水は避けることができない重要な与件です。雨水は動植物が成長する上で欠かせない一方で、人の居場所を保つためには「治水」の工夫が必要となります。

　計画では、斜面地に複数の起伏をつけながら、一気に下流へ流れることを防ぎ、時間をかけながら浸透させることにしました。雨水を迅速に敷地外に排水しないことで、地下水のかん養につながります。斜面地にも複数のひだのような起伏が設けられています。それらは斜面地の土砂を抑え、湿気を含み、植物が根を張る足がかりの役割も担っています。

　設計中に講じたことは、主に次の四つでした。

①斜面地に連なる石積沿いに浸透管を入れ、雨水のオーバーフローを防ぐ。
②斜面地に在来種の種子吹付けを行い、法尻には低木や地被類を配植し、法面の安定と浸透を促す。
③芝生広場に複数の起伏とその法尻に浸透管を設け、下流への流れを抑える。
④最終的な砦として、各建物の斜面地側に砂利敷きと側溝を設ける。

　しかし工事期間中、それらの対処だけでは不十分なことがわかりました。緑に覆われるまで表面の土砂が少しずつ流れてしまい、一部で陥没してしまったのです。「道」の分岐点に水が集まることで、局所的に土砂がたまる状況も見られました。そこで、造園会社の方々と追加で講じた対策が二つあります。

⑤水を分岐させるため、斜面地に高さ300mm程度の起伏を複数設け、雨水を分水させ集中することを避ける。
⑥道からの水を斜面に流出させないため、道沿いに高さ100mmに満たない起伏をつけ、芝生を施す。

　これらを雨が降るごとに担当者や職人と確かめ、起伏をつくって、まず雨水を2方向に分水し、それをたどって1/2をさらに分水して1/4にしていくという作業を延々と繰り返していました。いまは緑に覆われていてほとんどわからなくなっていますが、そんな苦労の痕跡が植物たちの下には眠っています。

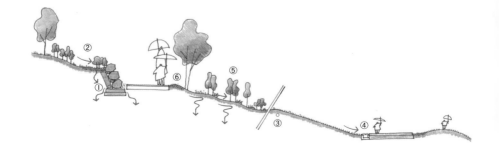

斜面の起伏で雨水を分散させる

●時間軸を組み込む

　時間軸を内包したデザインがランドスケープデザインの醍醐味のひとつです。人がガイドやサインにしたがうわけではなく、能動的に自然の微細な変化に気づいたとき、喜びが生まれるのではないかと思っています。

　計画では、ベンチの座面に木漏れ日をモチーフにしたデザインを施しています。ピンホール現象といって、木漏れ日の輪郭が円形に見える様子です。幼樹ではそのようには見えません。8〜10年ほど経ち、成木となった雑木林へと姿を変えた頃にはじめて見ることができる風景を設計時からしのばせました。

　雑木林の足元にある石積みの表情も変わっていきます。石材は、神奈川県真鶴町でとれる小松石を採用しています。竣工時には赤みと青みがあり、変化に富んでいるのですが、時間を経過することで徐々に黒ずんでいきます。また、表面には凸凹と保湿性があるため、雑木の影にある石の表面は苔に覆われていくことでしょう。絶え間なく変化し続ける風景を楽しめるような、時間のデザインを大切にしたいと思っています。

木漏れ日をモチーフにした模様。コンクリートの洗い出しによってできる

II. あるべき姿を考える

雑木林

雑木林

計画地の丘を上った先に
見える谷戸の風景
周辺に広がる雑木林が
つくりだす囲み感。

はじめて敷地に訪れた時の様子。大半はやぶ化していたものの、尾根に上がると雄大な谷戸の風景と、丘陵地の斜面に
残る圧倒的な雑木林が。東京にまだこんな手つかずの場所が残っているのか、と感動した

町田薬師池公園四季彩の杜西園ウェルカムゲート

土地の個性が 敷地にはみだす

・公設民営の公園施設

・人や生き物の痕跡が残る「いにしえの道」を活かす

・丘陵地の高低差を活かした「不便さを育てる場づくり」

・隣地の雑木林とつながる苗木を植樹する

植物　〈高中木〉クスノキ・シラカシ・エノキ・エゴノキ・ケヤキ・コナラ・ヤマザクラ・ドウダンツツジ・トキワマンサクほか
〈苗木〉イヌシデ・クヌギ・クリ・ミズキ・ネムノキ・ヤマハンノキほか
〈低木地被〉シモツケ・フウチソウ・ヤブラン・ヤマユリ・ノシバ・オニヤブソテツ・ベニシダほか

材料　特殊モルタル土系舗装
PCコンクリート（グラフィックコンクリート）
小松石
コンクリート平板（骨材研磨特注）
フトンカゴ

II. あるべき姿を考える

まちの行為が広場にはみだす

那須塩原市図書館みるる＋駅前広場

プロジェクトの
成り立ち

　栃木県那須塩原市（旧黒磯市）は、那須連山から広がる那須
野ヶ原と呼ばれる扇状地にあり、那珂川と蛇尾川にはさまれ
た、大地とのつながりを感じられるまちです。黒磯駅の標高は
290m程度で、冬季は那須下ろしという那須連山からの強く冷
たい風が北側から吹き下ろします。

　黒磯駅周辺には、いくつかの公共空間の整備が計画されてい
て、その中のひとつが駅前の図書館でした。プロポーザルは建
築事務所のUAoが森の下に人びとが集うような図書館と広場
空間に加え、駅からまちへつながる「アーバントレイル」と称し

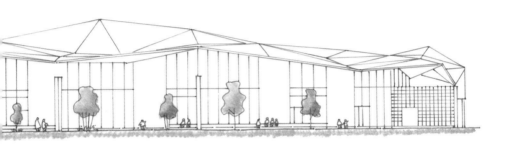

た内外がつながる散策路を提案して勝ち取ったものです。私た
ちは、プロポーザル後にUAoと具体的な案を深めていきました。

　黒磯駅前では、ほぼ同時期に「まちなか交流センター」の計
画も進んでおり、このエリアにまちの顔となるようなコミュニ
ティ施設が二つもできるという、めずらしい状況でした。この
以前、私たちは隣町で「リゾナーレ那須」（p108）の設計にも
かかわっており、那須のまちとの不思議な縁を感じながら取り
組んでいました。

黒磯駅前の広場と隣接する図書館

駅と図書館をつなぐ広場

過ごし方を想定して設計する

　場をつくる上では必ず、「空間のかたち」と「過ごし方」を合わせて考えるようにしています。異なる季節や時間など、1年を通して過ごすシーンを想像し、さらに少しだけ新しいふるまいが起きるような、きっかけとなる場を潜ませます。それらの場をかたちづくる手がかりは、土地の個性です。土地固有の体験や過ごし方ができれば、その場所が目的地になる可能性も秘めています。

　「駅前広場」というと、はじめて訪れた人にとってはそのまちの印象を左右する大切な玄関口でありながらも、別の目的地への通過点にすぎませんでした。一方、住民にとっては通学や通勤で利用したり、家族や友人と立ち話したり、時にお祭りが行われたりと日常の一部となる滞在空間です。

　そこで、私たちは「無目的を目的にできる場づくり」を掲げ、明確な目的のある人に合わせた交通拠点としての動的な空間ではなく、目的のない人にとっても居心地がよく、また来たいと思うような場をつくることを中心に考えました。訪れるとマルシェなど非日常の出来事に出会ったり、図書館で借りた本を外で読んだり、向かいのお店の出来立てのパンとコーヒーを手にして昼食をとったりと、思い思いの過ごし方を選択できるような場所です。

　もうひとつ大切にしたことは、ひとりでも居られる場所を複数つくることでした。マルシェのような人びとが集いオープンな使われ方をしている日でも、自分の居場所がどこかに見つけられると安堵感や帰属感が強まると考えたからです。

　空間構成としては、マルシェなどのイベントスペースにもなる「森の広場」と呼ばれる大きな芝生広場を駅と図書館の間に配置し、駅から図書館を抜け、まちへとつながる「アーバントレイル」につながる道を計画しています。芝生広場の周りや図書館の外壁沿いには「縁側ベンチ」を複数点在させています。無目的を目的化するために、縁側ベンチが生み出す小さなたまり空間は、とても大切でした。

地面のなだらかな高低差に合わせた縁側ベンチ

現場打ちコンクリートのベンチ
座面が広く色々な座り方ができる

地元で
製作された
PC平板

張り方向は建築工事と統一し
ベンチ下の色を分けた

自由に使えるファニチャー「縁側ベンチ」

●ファニチャーのスタディ

　ファニチャーは、置かれる場所や寸法の違い、肌触りによって人のふるまいを変化させます。

　「縁側ベンチ」は、共通しておおらかな弧を描き、幅が不均一な平面形状になっています。

　曲面の内側に座ると、隣の人と向き合うこととなり親密な関係性が漂う一方で、外側に座ると視線が交わることがなくなり、座ったり、寝転んだり、背合わせに利用したりと、多様なふるまいが生まれます。屋台やブースが芝生広場の内外に並ぶマルシェでは、人びとがほどよい距離感を保ちながら、場の一体感が生まれました。

　縁側ベンチは、高さも一定ではありません。ゆるやかな勾配がある地面に対して、水平な座面とすることで、200mm 〜 531mmの高さの差が生まれています。地面に近い場所では、小さなお子さんを連れた親子や、あぐらをかいて少し長居する人たちが現れます。地面から高い場所では、ステージ上のパフォーマーのように飛び跳ねたりする子どもたちを見ることができます。

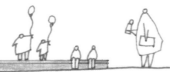

日用市の様子。人びとが思い思いに居場所を見つけ、時を過ごしている

まちを見る視点と見られる視点をもつ

　公共空間を設計する際は、ときに設計者の立場を忘れてまちの人になりきり、地域の人からどのように見えるのかを考えるようにしています。私たちは、計画者としてほんのひとときまちにかかわるのみですが、地域の方はずっとまちの一員として過ごすことになります。まちと地域の方との新しいつながりが生まれることで、魅力的なまちの風景ができると考えています。

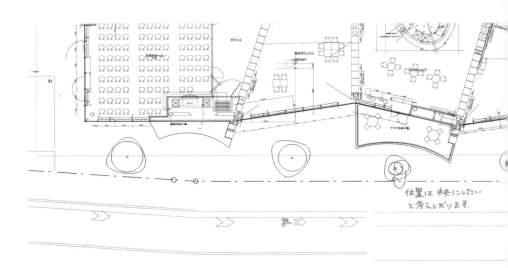

　道路を挟んだ向かいには、地域で人気のあるカフェ「Iris bread&coffee」とパン屋さん「KANEL BREAD」があります。私も黒磯駅を訪れるたびにカフェに入り、コーヒー片手に現場を眺めていました。図書館と広場が完成した後、このお店に来るお客さんにとっても大切な風景になればと思い、勝手ながらいろいろな席に座ったり、来るお客さんの様子を観察したり、店員さんと話したりしながら、互いのよい関係をつくる手立てを考えていました。

　ここで考えたことは、広場に植える予定の樹木を、駅の大きな壁の印象を和らげる位置に配植する、ということでした。広場からだけでなく、駅や向かいのお店からの視点も大切にし、最終決定をしました。適度に高木をバラけさせて配植したことで、広場から見るとほどよい抜け感と奥行きが生まれ、豊かな空間体験ができるようになりました。

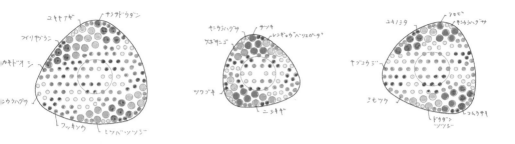

地被植物の混植を指示するメモ。まるでそこに生えてきたように、自然に見える混ざり方を探している

　更に、道路を挟んでも向かいの人の存在を感じられるようにも心がけました。建物に沿うように高木をはじめとする緑地を点在させていて、植栽がない開放的な場所と囲われ感のある場所を生み出しています。高木は西日を抑え、縁側や内部空間に日陰をつくり、談笑したり、本を読んだり思い思いに過ごす人の姿を見ることができます。

　まちの視点をもちながら、地域の人の視点に立った場づくりを行うことは、結果的に自身にとっても心地よい場ができるのだと思います。

　後でわかったことなのですが、かつて行われていた広場のマルシェは、カフェのオーナーが中心になり運営されていたそうです。私にとっても人や場とのつながりが生まれた出来事でした。

図書館に沿うように小さな緑地を点在させている。わずかでも植物や縁側があると、まちと図書館に関係性が生まれる

地域の素材や職人と向き合う

　自分たちのアイデアや図面に固執しすぎず、その土地のつくり手である職人や、樹木の生産者など関係者との対話を大切にしています。事前のリサーチでは読み解くことができない土地固有の課題点や、私たちの知らないアイデアや技術を教えてくれる、その場所の魅力を最大化するために欠かせないプレーヤーです。自然素材と同様に、人の手でつくられたものには斑感があります。自然素材に人の手が加わることで、ほかにない唯一無二の魅力を発するのです。

　このプロジェクトでは、地域の方のアイデアが発端となり、地元で舗装材を製造する大榮建材とUAoとで新しい製品の開発に取り組みました。近隣でとれる自然石の骨材を混ぜて、研磨してつくりました。素地のモルタルの色や骨材の配合比率をかなり細かく試しながら、複数サンプルをつくって確認していきました。結果的に、普段あまり見かけない400mm×100mmという長尺の平板ができあがり、舗装材としてもオリジナルな風景が生み出せたと思っています。

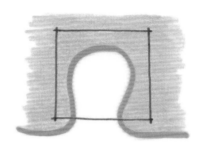

まちの行為が広場にはみだす

・図書館と駅前広場の整備

・駅前に人が滞在できる
　居心地のよい滞留空間をつくる

・まちの人の過ごし方を想像し、
　無目的が目的となる余地をつくる

・まちの人の視点で敷地の外から眺める

植物　〈高木〉シラカシ・ソヨゴ・イヌシデ・カツラ・
ケヤキ・コナラほか
〈低木地被〉アセビ・ミツバツツジ・ユキヤナギ・
カキドオシ・キンウラハグサ・フイリヤブラン
ほか

材料　コンクリート平板（地元特注製作）
芦野石（現場打コンクリート骨材に使用）
特殊モルタル土系舗装

Ⅲ　境界の存在を捉えなおす

　　計画地の内側のみを見るのではなく、スケールを上げたり引い
たりすることで、さまざまな範囲を行ったり来たりする。ミクロ
とマクロの視点を自由に行き来できるのがランドスケープデザイ
ンの醍醐味です。大地、光、風、水といった自然要素は常につな
がっていて、明確な境界はありません。一方で人の営みや文化に
は境界が存在しています。人為的に線引きされた境界を再考し、
自然と人の関係性を丁寧につなぐことを意識しています。

風景は領域をはみだす

能作新社屋・新工場

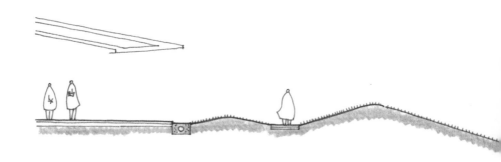

プロジェクトの
成り立ち

　すでに全国的に知られているのでご存知の方も多いと思います
が、能作は富山県高岡市で創業された鋳物の製造会社です。
「能作新社屋・新工場」は、創業100周年を機に地域貢献と産
業の認知を目指して「産業観光」の拠点として計画されました。

　能作の社長や担当者の方々に加えて、ディレクション
は t.c.k.w、建築はアーキヴィジョン広谷スタジオ、内装は
Koizumi Studio、グラフィック・サインは水野図案室、照明は
シリウスライティングオフィスと、錚々たるメンバーが集まり
ました。私たちはアーキヴィジョン広谷スタジオの広谷さんと
石田さんから声をかけていただき、チームに参画しました。

　計画地は富山県高岡市。まちは、東西南の三方が山々に囲まれ
ており、北側の日本海側に開けた砺波平野にあります。高岡市

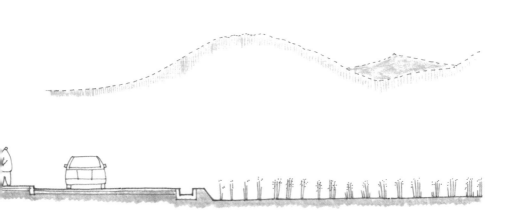

　は400年以上の歴史をもつ銅器の産地として知られています。

　敷地調査の際、最初に飛び込んできたのは南側の平野に広がる田園風景と、その先につながる美しい山並みでした。訪れた人にこの美しい風景を体験してもらえれば、産業観光というテーマを掲げたプロジェクトに対するひとつの回答になると考えました。

　砺波平野には散居村という集落と、田園が一体となった暮らしと営みの風景がいまも残ります。そこには、山からの冷たい季節風をやわらげる役割をもつ「カイニョ」と呼ばれる屋敷林が並ぶ風景があります。平野を取り囲む山並みやカイニョといった、囲われ感のある空間構造と体験は、高岡らしい場づくりとして参考になりました。

高台から砺波平野と散居村を見下ろす。背後に山並みがある美しい風景

フラットにアイデアを出し合える雰囲気でありながらも、最終決断は各デザイナーに委ねられ、緊張感も漂う。屋外空間の使い方が明確に決まっていなかったため、ランドスケープのデザインだけでなく、プログラムから過ごし方まで提案した

周囲は田んぼに囲まれている

Ⅲ. 境界の存在を捉えなおす

完成後の能作新社屋・新工場。中央の築山をぐるりと散策路が囲む

内外の体験をつなげる

　建物とともにつくるランドスケープデザインでは、その場所でしか体験できない内外の過ごし方をイメージします。居場所の選択肢が増えることで、人の体験を通じたつながりが生まれます。一方で、場の個性を読み取る人の感性を信じ、つくり込みすぎないようにも心がけています。

　移転前の工場には、鋳造過程でしか見られないさまざまな形の鋳物品、開発途中の試作品など、私たちから見ると新鮮で魅力的なものが溢れていました。ものづくりの熱気は屋外にも溢れ出ていて、音色の実験中なのか風鈴の試作品や、複数のオブジェが置かれていました。
　このときの重要な気づきは、真鍮や錫がも<ruby>真鍮<rt>しんちゅう</rt></ruby>や<ruby>錫<rt>すず</rt></ruby>がも

つ独特の艶感、風鈴の音色など、本来の魅力を伝えるためには、屋外空間が最適だということでした。
　建物内部のプログラムは、見学ができる工場、ギャラリー、カフェ、体験工房、ショップ、といった一般に開かれた空間とオフィス空間がある複合施設です。それらの体験が内外につながることを考え、中央の築山を取り囲む

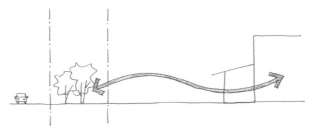

建築からフロントグリーンまでが連続した「ひとつの場所」をつくる

これからの100年を積み上げられる「場」をつくる

「高岡の景色」を体験できる「場」をつくる

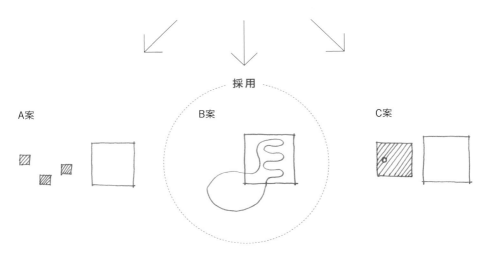

見学動線を屋外まで延長させるB案を採用

ように二つの出入口をつなぐ一本の長い散策路を計画し、屋外空間を能作の作品を体験できる「アウトドアギャラリー」と名づけました。

散策路の中間部には大きなベルを設置。奏でる音を耳にしながら進むと、自然と奥の風景が目に飛び込んできます。

眺望や青空教室のように使われるイメージをして設けた能作の丘とベンチは、コンサートでライブスタンド席のように使われたり、大きなベルと散策路は「錫婚式」と名づけられた結婚10年の夫婦が祝う祝祭の場となったりと、当初私たち設計者が描いていたことを上回る使い方をされています。

製品化されていない
形状の風鈴
音色や風の影響など
実験されているとのこと

引越し前、
既存の工場へ
見学に行かせて頂いた

移転前の工場の様子。外にまで試作品が溢れていた

手で埋め込まれた花びら
花びらは能作さんの工場
にて製作頂いた。
屋外展示のひとつ

ヤマモミジ

実際に作成した
板り花びらを
散らすイメージをつくった

スタディの内容をベースに

舗装へ埋め込む
花びらの配置スタディ

床には、桜の花びらを模した真鍮のオブジェを埋め込んだ。金物のもつ艶やかさは、朝日や夕日の自然光を浴びてよ
り際立つ

Ⅲ. 境界の存在を捉えなおす

地形の造形で風景をつなげる

　敷地外に手を加えなくても、内外の関係性に少しだけ手を加えることで、風景の意味合いや認識を変えていくことは可能だと考えています。

　そのひとつの方法は、地形の造形による「風景の編集」です。たとえば、敷地内の地形を操作することによって、敷地外から見せたいものを取り込み、存在を弱めたいものを視界から外すことができます。そのように視界を操作しながら、風景をつむいでいきます。

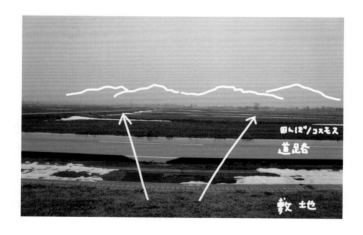

　敷地全体を地形や樹林で囲い込み、砺波平野にある集落の空間構造が生み出す、囲われ感や安心感に通じるものができれば、と考えていました。そのためには、周囲の喧騒が懸念点でした。建物内部やアウトドアギャラリーを歩いているときに遠方の美しい田園風景とつながるようにするためには、工業団地を行き交う大型トラックなどの往来は避けたい要素だったのです。それに加え、建築の建設で発生する残土の処分費も課題でした。

　そこで私たちはこの2点をクリアすべく、残土を利用して中央に3mほどの築山を計画しました。

　頂点を偏心させていて、田園側の勾配は急な1：2.5ほどとし、その反対側は頂上まで歩きやすいように1：5ほどのゆるやかな勾配としています。築山の勾配が不均一となることで威圧感を軽減しつつ、変化に富んだ風景

マウンドの高さは
実際に関係者とよって
たしかめた

を生み出しています。さらに道路に近い田園側には、往来する車が視界に入らないように、土手状の起伏も設けています。

工事が進むにつれて、設計時の図面にはなかった偶然の発見もありました。現場に訪れた際、暫定的に置かれていた高さ300mm程度の残土が、散策路を見えなくしていたのです。当初は大きな大地の造形で奥の風景とつなぐことを考えていましたが、このほんの少

しの操作で風景を編集することができることに気づかされました。微地形の奥深さは計りしれません。

ここでは近景の散策路の存在を見え隠れさせる工夫により、土手と連続した、奥行きのある風景を生み出すことができました。

III. 境界の存在を捉えなおす

Ⅲ. 境界の存在を捉えなおす

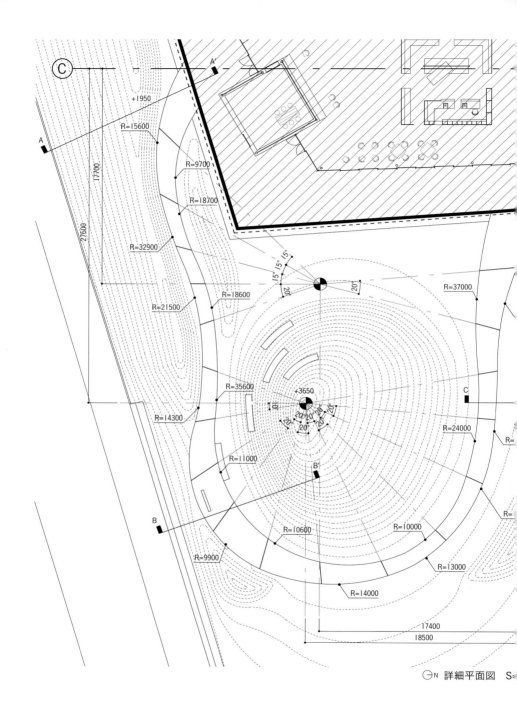

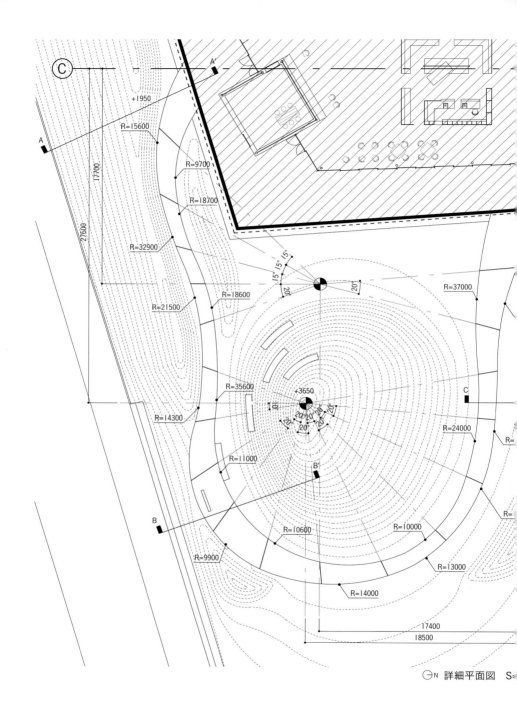C

+1950

R=15600

A

17700

27600

R=9700

R=18700

R=32900

R=18600

R=21500

15° 15°

20°

20°

R=37000

R=35600

+3650

10°

20° 20° 20°

20°

20° 20° 20°

R=14300

C

R=24000

R=

R=11000

B'

R=

R=10600

R=10000

B

R=

R=9900

R=10000

R=13000

R=14000

17400

18500

N 詳細平面図　S=

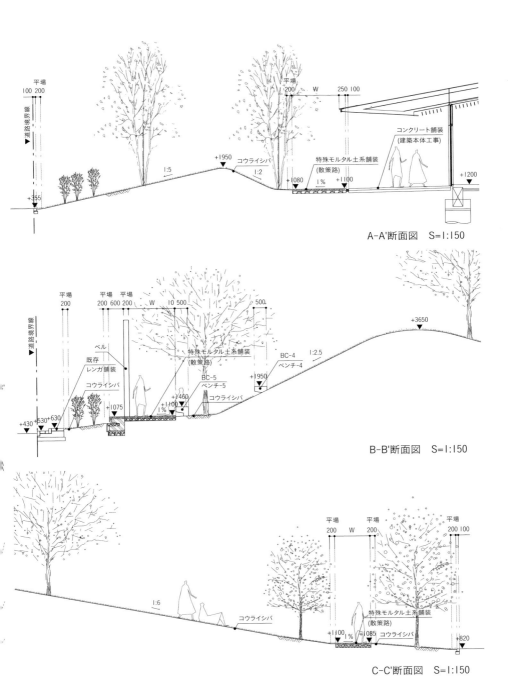

平場
100 200

▼道路境界線

+355

1:5

+1950 コウライシバ

1:2

+1080 1%

平場
200 W 250 100

特殊モルタル土系舗装
(散策路)

+1100

コンクリート舗装
(建築本体工事)

+1200

A-A'断面図　S=1:150

平場
200

平場　平場
200 600 200 W 10 500

500

+3650

▼道路境界線

ベル

既存

レンガ舗装

コウライシバ

+430 +530 +630

+1075

特殊モルタル土系舗装
(散策路)

1%

+1460

BC-5
ベンチ-5

+1100 コウライシバ

BC-4
ベンチ-4

1:2.5

+1950

B-B'断面図　S=1:150

1:6

コウライシバ

平場
200 W

平場
200

平場
200 100

特殊モルタル土系舗装
(散策路)

+1100 1%

+1085 コウライシバ

+820

C-C'断面図　S=1:150

竣工後にはじめて芝生の養生を解いた際のワンシーン。女の子が腕を振り上げながら丘を駆け上がり、頂で風を感じた後にベンチに座りながら周囲を見渡していた

［ダイアグラム］

能作新社屋・新工場

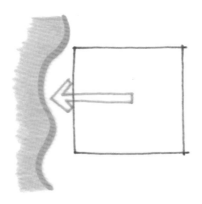

風景は 領域をはみだす

・創業100年以上の老舗鋳物企業の新社屋整備

・アウトドアギャラリーをつくり
　内外の体験をつなげる

・想定を超える使われ方を許容できる
　余地をもたせる

・地形の造形で風景をつなげる

植物	〈高木〉カツラ・カンヒザクラ・ホオノキ・ヤマボウシ・ヤマザクラほか 〈低木地被〉マホニアコンフューサー・タマリュウ・コウライシバほか	材料	真鍮プレート（樹名板） 錫プレート（舗装埋込） 特殊モルタル土系舗装 現場打コンクリート（骨材研磨仕上げ） ボラード（特注品）ほか

NICCAイノベーションセンター

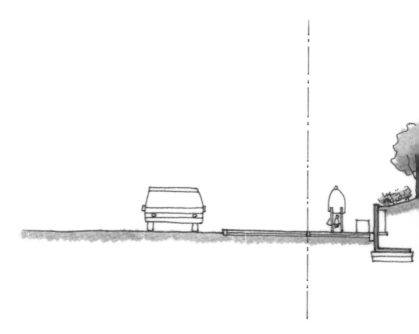

プロジェクトの
成り立ち

　福井市に本社を構える「日華化学」は、繊維化学品や化粧品などの開発、製造、販売を行う化学メーカーです。「NICCAイノベーションセンター」としての研究所建て替え計画のため、小堀哲夫建築設計事務所が中心となって、丁寧なワークショップを行いながら進められていました。

　既存施設は、隣接する研究所棟とともに高さ2mほどの壁で囲われており、敷地内にはあまり緑もなく、まさに「工場」という印象の建物が点在していました。これに対して、小堀さんは会社の内と外に壁をつくらず、また社外の関係者や町の人びとがいろんなアイデアをもち寄ってきて交流していくような、

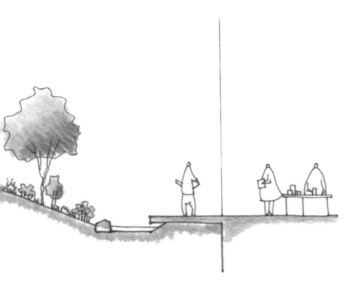

地域と調和する施設をつくっていこうとしていました。

　プログラムは、オフィス空間のほか、ショールーム、レクチャールームなどが有機的に配置された、小堀さんが掲げた「バザール」という言葉がぴったりの、これからの時代にふさわしい野心的なものでした。

　そのコンセプトをふまえて、本社施設と周囲の関係性や、まちと敷地の境界線をランドスケープとしてどうつくっていくのか。これが私たちに課せられた主要命題でした。

Ⅲ. 境界の存在を捉えなおす

完成した NICCA イノベーションセンター

水の循環を取り入れる

　福井県は、年間降雨量が全国上位の豊かな地下水をもつ土地です。計画当初、建築内部での地下水の利用が想定されており、私たちは「屋外でも雨水や地下水など、地域の水資源を利用できないか」と提案しました。

　この地に蓄えられた地下水を使って建物の内外を潤し、再び降った雨とともに、自然へ還す。この環境負荷の少ない循環こそ、敷地をはみだして「大きな自然の一部として見る」という新しい視点なのです。

市内の名勝・養浩館庭園。豊富な地下水が取り入れられ、地域の人がとりわけ水を大事にして暮らしてきたと伝わってくる。この水とのかかわり方を計画に活かした

　NICCAイノベーションセンターの細長い前庭には、水景、マウンド、植栽などの要素があります。

　水景は、井戸水と敷地内の雨水を循環させ、このまちの豊かな水源と、それに支えられてきた企業であることを伝える役割を担っています。循環には濾過装置を設けず、徐々に自然浸透・排水させるつくりになっています。水を修景のために利用して公共インフラに排水していくのではなく、自然に還し循環させるあり方です。

　敷地内ではポンプも使用していますが、土中に浸透する水や、蒸発する水が発生し、それが周りの緑に役立てられることで自然な水循環が生まれています。この水景があることでマウンドには瑞々しく苔が茂っています。

実現した水景。石組の裏込めにモルタルは使わず自然な循環を意識

■地下水と雨水を利用した水景

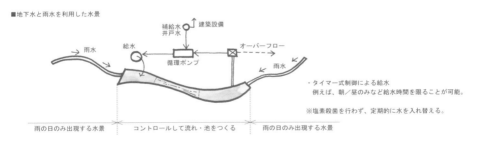

補給水
井戸水
建築設備
給水
循環ポンプ
オーバーフロー
雨水
雨水

・タイマー式制御による給水
　例えば、朝／昼のみなど給水時間を限ることが可能。

※塩素殺菌を行わず、定期的に水を入れ替える。

雨の日のみ出現する水景　コントロールして流れ・池をつくる　雨の日のみ出現する水景

■雨水の考え方

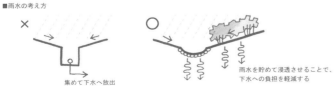

集めて下水へ放出

雨水を貯めて浸透させることで、
下水への負担を軽減する

　　　　　　　　　　　　　　　　　　　　　　　Ⅲ. 境界の存在を捉えなおす

雨水と地下水が循環する水景と苔むしたマウンド

Ⅲ. 境界の存在を捉えなおす

まちとグラデーショナルな関係性をつくる

　敷地とまちの緩衝役として、両者の関係をやわらかくつなぐランドスケープは大きな力を発揮します。人は大きなスケールのものを前にすると構えてしまい、よいつながりが生まれません。土盛りによる高さの操作や大小の植栽の配置、低い擁壁やベンチなどの小さなスケールをいくつも組み合わせることで、やわらかい境界面を描くように考えます。

　NICCAイノベーションセンターでは、敷地内外を隔てるのではなくゆるやかにつなぐ、地域に溶け込むようなおおらかな場づくりを試みています。コンクリートの擁壁は最小限としながら、緑に覆われたマウンドを配置し、尾根の高さは建築の内部プランに合わせて見える度合いを調整しています。

　ショールームに面する部分は、まちの人たちに対して「ようこそ」「いらっしゃいませ」という姿勢が感じられるよう内部が見える高さに。一方で、社員食堂部分は歩道にいる人と直接見合わないよう人の気配がわかる程度にと、マウンドの高さ関係を徐々に変化させています。一番北側までいくと、身長の2倍ぐらいの高さの緑が目に飛び込んでくるようになります。

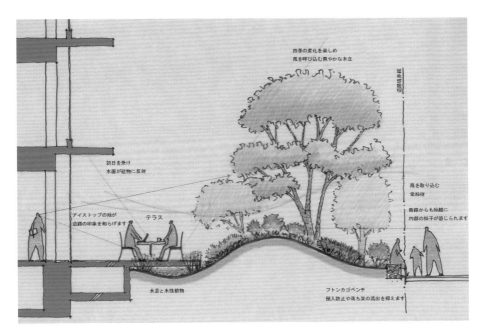

四季の変化を楽しめ
風を呼び込む爽やかな木立

道路境界線

朝日を受け
水面が建物に反射

風を取り込む
常緑樹

アイストップの緑が
道路の印象を和らげます

テラス

街路からも緑越しに
内部の様子が感じられます

水景と水性植物

フトンカゴベンチ
侵入防止や落ち葉の流出を抑えます

検討中のスケッチ。中と外の人の見合いをやわらげる

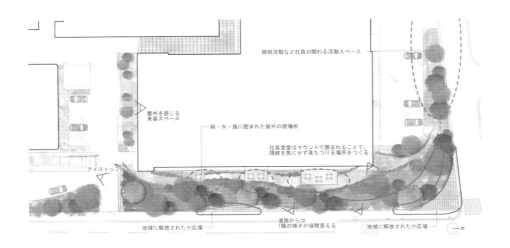

植樹活動など社員の関わる活動スペース

屋外を感じる
来客スペース

緑・水・風に囲まれた屋外の居場所

社員食堂はマウンドで囲まれることで、
視線を気にせず落ちつける場所をつくる

アイストップ

地域に解放された小広場

道路からは
1階の様子が垣間見える

地域に解放された小広場

Ⅲ. 境界の存在を捉えなおす

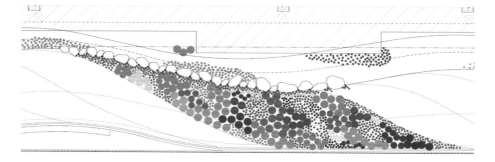

大きな丸が低木、小さな丸が地被植物。風の通り道をつくるように配植した

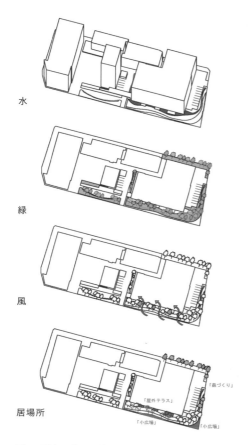

水

緑

風

居場所

「森づくり」

「屋外テラス」

「小広場」 「小広場」

四つの要素のダイアグラム

●配植

　マウンドの起伏に合わせて流れるように配植した常緑高木と低木は、心地よい居場所づくりにも一役買っています。配植は、風や光が季節によって調整されるよう、常緑と落葉の混植。夏場にはテラスに季節風が気持ちよく流れるでしょう。

　そして、水、緑、風のレイヤーが統合されると、室内外から見た際もひとつの風景として映ります。「中から見た外」も「外から見た中」も関係を切るのではなく、関係性を保ちながら心地よくつながる、地域に溶け込むような境界面が生まれました。

エントランスから外を見た様子

見なれた素材に手を加える

　歩道を歩く人にとって親しみのわく場所にしてもらいたい。そのための工夫として、信号待ちが起こる交差点付近ではほかより内側に壁を立ててベンチを設置しています。壁は一般的に使われているL型擁壁に手を加えています。つくり手の手跡があると温かみが感じられますね。コンクリートなど見慣れた素材であればなおさらです。

　敷地の境界には大人の腰高（700mm）ほどのコンクリートウォールを立ち上げています。周囲に圧迫感を与えない、親しみやすい高さです。このウォールはマウンドの土盛りが雨や地震で横滑りしないように土留め壁の役割も担っています。

　通常、現場打ちコンクリートやフトンカゴ（石を詰めた金網パネル）を採用することがあるのですが、ルーバーでできた繊細な建築ファサードに合わせ、境界に設置するウォールにもなるべくそれに近い繊細さを求めた結果、ここでは「グラフィックコンクリート」を採用しました。

　この擁壁には正面も小口も模様のずれがなく、つくり手のとても高い技術が光ります。小口面は細くほとんど見えない部分だと思われるかもしれませんが、「ちょうど歩行者の視界に入る高さなのでどうしても模様をつけたい」と無理を承知でお願いしました。設置後に歩道を歩いてみると、天端の模様までスムーズに連続しているのがよく見え、職人の方には頭が下がります。工場製作では季節の温度変化の影響を受け、現場設置では数ミリ単位でのせめぎ合いがあり、できあがるまでが大変苦しくも楽しい時間でした。

門扉にはパンチングメタルの穴のあけ方で同じ模様を実現

高い技術によって異なる面でも模様にずれがない

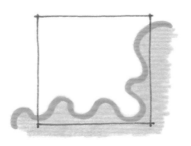

自然の力は境界をはみだす

· 化学メーカーの研究所の建設

· 雨水や地下水などの地域資源を活用した
  風景を描く

· 緑の築山で境界線をあいまいにし、
  まちと共有できる場をつくる

· 太陽光や季節風を取り込む樹木の配植で
  自然の流れを遮らない

植物　〈高木〉タブノキ、コナラ、コハウチワカエデ、　**材料**　自然石（永平寺付近産）
サトザクラ'関山'、ナナカマドほか　　　　　　　　　　PC擁壁（グラフィックコンクリート）
〈低木地被〉アジサイ、コクチナシ、ヒイラギ　　　　　パンチングメタル（門扉）ほか
ナンテン、ミツバツツジ、ユキヤナギ、ベニシダ、
スギゴケほか

星野リゾート　リゾナーレ那須

**プロジェクトの
成り立ち**

　星野リゾートの「リゾナーレ」ブランドは家族や若い世代
をターゲットにしており、とくに「体験」を大切にしていま
す。計画地の栃木県那須郡では、改修した既存施設と、新た
な施設を組み合わせた計画が進められていきました。私たち
は、目指す姿や全体のプログラムが未定の段階から参画し、事
業者や、建築の設計を担当したクライン ダイサム アーキテクツ
（KDa）とともに、何があるとワクワクするのか、広大な敷地
の中でゲストの楽しみを増やしつつ円滑に運営する方法はな
いかと話し合いを重ねました。

　その中では、既存の施設を活かしつつ、イメージは変えていく

必要があることや、運営方法の変化に合わせる必要があること、加えて対象エリアが約10.26haと大変広かったため、どこまで手を加えるかなどさまざまなバリエーションが検討されました。

　最終的には、既存の施設を最大限に活用しながら、新しい施設（橋や新築棟）を加えることで大きく離れた二つの土地をつなぎ、新旧の相乗効果を生み出していくという方針に決まりました。

　常にワクワクを考え追求する視点や、楽しみの種をまきながらも落ち着いた滞留空間をどうつくり出すのかという視点はこのプロジェクトの後も探求し続けています。

　　　　　　　　　　　　　　　　　　Ⅲ. 境界の存在を捉えなおす

Ⅲ. 境界の存在を捉えなおす

新築棟のPOKO POKOと一本道。奥のブリッジで本館エリアとつながる

移動を体験化する

設計に取り組む上で移動にともなう景色の変化、「シークエンス」は必ず考える概念です。距離のあるなだらかな道か、最短距離の階段かなど、どちらの道にも違う体験があり、一緒に来た人や天気により道を選ぶことが楽しさにつながります。

しかし、リゾナーレ那須の新築エリアに配置した道のように「必ず通らなければいけない一本道」となると、考え方も異なります。大きな敷地の計画で必ず発生するエリア間の移動を手段で終わらせず、「体験」へと変える風景のつくり方が大切です。

●一本道のシークエンス

本館と別館を隔てていた川には橋を渡し、新築棟のPOKO POKOは本館と別館の間に配置することとなりました。別館に宿泊するお客様は、本館で受付後、森の中を抜けて別館に移ります。

本館とPOKO POKO、別館をつなぐ一本道は、最短経路をゆくのではなく、既存樹木を最大限に活かしたゆるやかな下り道に。サービス車が走ることになっても歩行者を妨げないよう、スピードを落とす蛇行の形状とし、追い越しスペースとしてたまりをつくりました。

橋も道も平面的かつ立面的にカーブしているので、歩いていると不思議な感覚を得ることでしょう。はじめは見通せなかった景色が、歩いていくうちにふっと高い場所に出て、奥にPOKO POKOが見えてくる。また少し歩くと、今度は下っていき建物がぐっと近づくように感じる。このシークエンスはKDaと一緒に、建物の中から歩いている人がどう見えるかを実際に確認してつくりあげました。イメージよりも高い部分は既存の地形に合わせて低

くするように勾配を変えるなど、現場での調整が大変重要でした。

橋と別館をつなぐ道では、設計で決めた道の形を施工者さんに縄張りして再現してもらい、実際に歩いて確認しました。樹木の根の上に道が重なっていないか、残したい既存の樹木はほかにもないかということの確認です。保存のため、既存の樹木の根の高さを変えることは難しく、この場合、道の高さを合わせたり、段差対策で壁をつくったりといった対応が必要です。現地での検討の結果、実施設計図よりもウェーブが強調された道が完成しました。

●道に機能を付加する

道はふちを少しせり上げたように設計しています。これは保存樹木を守るための土留めとしての役割もありますが、ごろっと寝転がったり、座り込んだりという、道でありながらも憩いの場でもある、あいまいなものをつくりたいという思いも込められています。本当にそんな使われ方をするのかと、不安な部分

既存植木の根元は
今後の成育にも影響がでるため
できるだけ仕上げレベルを変えない

既存樹木がない場所は
この際に高木のイメージ、高さなど
一緒に再度検討する

立ちよりの部分は
舗装より先行して
施工された

土留めの役割

Ⅲ. 境界の存在を捉えなおす

滞留空間としての広場。人がいてもくつろげる距離感をもたせながら、ベッドなどインテリア的要素を配置した

もありましたが、実際に腰かけている人もいらっしゃるようです。

　リゾナーレ那須が展開するプログラムでも、歩く以外の目的で一本道が使われています。それは「森のトレジャーハント」。子どもたちが木の実や落ち葉を探すアクティビティです。みんな必死に足元を見つめて探すので、地面に近いところで長い時間を過ごすことにつながっています。

　風景の中で、光と影は時の移ろいとともに自然との距離感を気づかせてくれる重要な役割を担います。たとえば、日中、風で揺れ動く木漏れ日を見て、改めてその木の大きさに気づいたり、夜には月明かりで影が落ちていることに気づき、月の満ち欠けの存在を再認識したり。現代は、そんな当たり前のことを当たり前に感じられる場所が少ないと常々思っています。

　ここでの木々の間をうねるように続く道は、平滑な道では見落とされがちな自然の変化にきづくささやかなしかけとしての効果もあります。

「ならでは」のアクティビティ

　その土地ならではの体験は人を引きつけます。そんな魅力的な場へ変換するには、敷地をはみだすスケール感で関係性を考え、土地ならではの体験が起こりうる空間やアクティビティを提案することが設計者に求められます。

　自然現象が溶け込む形を考えると、雨や雪といったひと時の風景も特別に感じられます。日の出、霧、雪など自然が見せる芸術的な現象は同じ場所を何度も訪れたくなるきっかけとなります。

　ここには、隣接地に大きな田んぼや雑木林があり、少し離れた場所では酪農や畑作が行われているなど非常に豊かな食文化が根づいていました。そこで私たちが提案したのは、「ハーベスト（収穫）」というコンセプトでした。さまざまな農作物の収穫体験をコンテンツとして、体験できる場所です。

　敷地内に残っていた温室は種まきから収穫までを楽しめる「アグリガーデン」に、新築棟は、収穫した野菜をもってきて自分たちで調理して食べる場に、など「ハーベスト」にかかわるアクティビティの拠点としてはどうか、と話し合いました。最終的にはリゾナーレ那須が、施設内で完結していた「ハーベスト」から、計画地を超えたより広域的な「アグリツーリズモ」へ広げる施設全体のコンセプトを打ち出しました。

　隣接する田んぼは別の方が所有されていますが、リゾナーレ那須の粘り強い交渉もあり、アクティビティのひとつとして「田んぼでの体験」ができるようになりました。もともと大きな施設ですが、敷地をはみだして隣地の田んぼを取り込んだことによってアクティビティに幅が出ました。

　計画地を超えアクティビティがつながると地域全体の魅力発信になるのではないでしょうか。

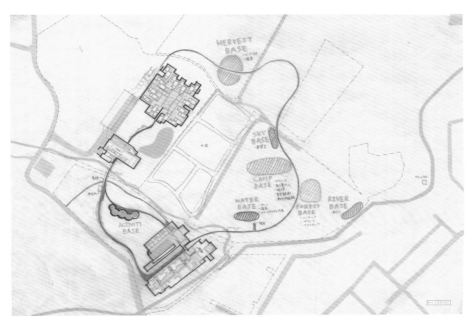

敷地内を最大限活かすための検討資料

その季節、その時間にしかない風景がある。積雪で高低差が顕著になると、道が見えなくても縁の立ち上がりがわかる。ベンチの雪化粧はなんだかおいしそうだ

Ⅲ. 境界の存在を捉えなおす

昼夜問わず、道からPOKO POKOの前で煙が立ち上っているのが見えると、誰かがいるとわかり安心できる。火がある
だけでそこで過ごすことに必然性が生まれ、親しみやすい一体感が生まれることは花見の桜と同様に興味深い

Ⅲ. 境界の存在を捉えなおす

[ダイアグラム]
星野リゾート　リゾナーレ那須

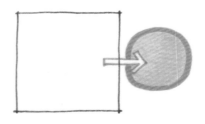

アクティビティは敷地をはみだす

・広い敷地で前身の既存施設と新築棟をつなぐ

・事業構想からかかわり、
　その土地らしい体験を大切にする

・移動を手段で終わらせず、
　体験へと変える道のつくり方

・周囲とつなげ、多様なふるまいを生み出す

植物　〈高木〉モミ・エゴノキ・クヌギ・コナラ・ナツツバキ・ミズナラほか
〈低木地被〉イヌツゲ・ミツバツツジ・アマドコロ・マイヅルソウ・ユキノシタ・ノシバほか

材料　芦野石 (飛石)
グリーンハート (デッキ舗装)
フトンカゴ (特注ファニチャー) ほか

Ⅳ　土地の時間軸を考える

　自然は、絶えずその姿を変えています。木々は成長、枯死、更新を繰り返し、石は雨風によって風化しながら姿・形を刻一刻と変化させています。場づくりにおいて、変化に寄り添うようおおらかな「地」に、それらを感覚的に感じることができる「素材」を潜ませることを大切にしています。

変化が計画にはみだす

クアパーク長湯

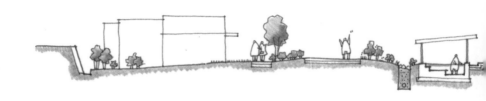

プロジェクトの
成り立ち

　「クアパーク長湯」は、竹田市立図書館に続き、私たちが大分県
の南西部にある竹田市で取り組んだ二つめのプロジェクトです。
温泉利用型健康増進施設の整備プロポーザルで坂茂建築設計が
選定され、その後私たちもプロジェクトチームに加わりました。
　計画地は、市街地から車で20分程度離れた場所。中心地より
標高が200mほど高い山間部で冬には積雪があり、霧が濃い日
もある土地でした。
　計画地の前には芹川（せり）という河川が流れていて、その川床は大
きな一枚の岩盤となっています。その下層を温泉の源泉が空気
に触れず流れていることから、炭酸泉が利用できるそうです。

御前湯（建築設計：象設計集団）やラムネ温泉（建築設計：藤森照信）などの名建築をはじめとする温泉や宿が川沿いに連なり、一帯は「長湯温泉」と呼ばれ親しまれています。

　またこの芹川は、市長や担当者の子ども時代の思い出の舞台でもあり、この土地に住んでいる人たちの原風景として親しまれていたのです。そのため、川に対して閉ざされた風景をつくることは違うと直感的に感じていました。

　工事は2期に分けて進められ、1期では市が整備する温浴施設「クアハウス」をつくりました。屋外には、水着で入浴できる露天風呂と約50mの歩き湯を計画しています。2期では、

芹川沿いのガニ湯

民設の宿泊施設とレストランを整備。あまり広くない敷地で、異なる事業者と施工者がかかわり、ひとつの風景をつくるという難しいプロジェクトでした。

　ランドスケープ計画では、二つのことを大切にしました。ひとつめは「風景に浸かる」をテーマに、川、水田、里山の境界を感じさせない環境の中で心身を癒すことができないかということ。もうひとつは、まちに住む人びとにとって、川沿いの原風景のひとつになるような場づくりをすることです。

IV. 土地の時間軸を考える

IV. 土地の時間軸を考える

見えないところに目を向ける

　"landscape" を辞書で引くと、"everything you can see"（あなたの目に見えるものすべて）と説明されています。しかし、実際のランドスケープデザインでは、目に見えるものよりも、見えない要素を読み解き検討をすることに、より多くの時間が割かれます。

　とくに、地面の下には注意を払う必要があります。事前調査を行っても、掘り起こしてはじめて明らかになることも多いのです。計画と現場のチューニングを行う反復の時間が、その後の「質」を決定づけます。

枯山水のような砂利敷きのレインガーデン

　当初は、建設費を抑えるために地下浸透や既存側溝を利用して、新しい排水側溝はつくらず、最小限のインフラ整備のみとし、最低限の集水ますを設けて雨水を芹川に返す計画としていました。

　しかし、あるとき、施工者から水が敷地表面に溢れているとの連絡がありました。原因は、後背地からの地下水でした。新たに建てられた温泉棟と歩き湯の基礎や地下室が、川へつながる地下水脈を分断してしまっていたようです。計画時に地下水位などは確認しましたが、そのときに水脈も考えるべきでした。

　そこで、雨水を集め地中へつなぐ水路空間をつくることにしました。具体的には、幅1m、深さ1.5mほどの堀をつくり、浸透管と砕石を設置する「レインガーデン」（雨水などを浸透させる機能をもった修景施設）を整備しました。地表面や地下の水をレインガーデンに集水させ、浸透できずにオーバーフローした水は川に流れる計画です。敷かれた土や砕石層は、雨水を地中や川に還すまでに、不純物の流出を防ぐフィルターのような役割も果たしています。

エイジングと更新に向き合う

　屋外空間では、光、風、雨、湿度、雪、霧をはじめとする自然環境や動植物の影響に晒されることは不可避です。とくに人の手が加わったものは、当初の姿を維持し続けるのは難しく、朽ちる様子を楽しんだり、朽ちるスピードをゆるめたり、変化し続ける状況に寄り添う姿勢が大切です。そのために、その価値観を担い手（事業者や利用者）と共有することが必要です。古びているのではなく、この環境でしか見られないものと、風景の見方を少しだけ変えてみましょう。

芹川に堆積した石灰華

　泉質は計画を進める上で非常に重要な要素でした。炭酸泉は白濁していて、湯の花や気泡を楽しめることが特徴です。表面に流れ出た湯は、空気に触れて徐々に石灰華（せっかいか）と呼ばれる黄白色の固形物となり浴槽の床や縁に堆積していきます。夜の光を浴びると艶やかな金色に光る独特の色と質感をもちます。

　躯体には白色モルタルの左官を施しており、徐々に黄白色へと変化する様子を楽しむことができます。露天風呂は、将来的に石灰華が積層することを考慮して、角を丸め段差を低く抑えています。こういった些細なことの積み重ねで現れた姿は、風景を印象づける一要素となっています。

　運営の方々は、利用者が凹凸で肌を痛めないように、営業後の深夜にお湯をすべて抜き清掃をされています。さらに温泉沈殿物は送湯管に堆積して内部を詰まらせてしまうため、定期的に送湯管の入れ替えも行っています。高濃度の炭酸泉を楽しんでもらうために実に多くの手間ひまがかけられているのです。このように自然のエイジングと運営側のかかわりが相まった尊い姿であることも忘れてはなりません。

芹川を眺めながら浸かれる露天風呂

IV. 土地の時間軸を考える

視点場を考える

　視点場とは、見る人（視点）が置かれる環境のことです。同じ風景（視対象）でも、寒空のコンクリートから見るか、温かいお湯の中から見るかでは、物理的、心理的な見え方が異なるでしょう。さらに見る人のふるまいによっても印象は大きく変わります。たとえば、日本庭園は床座の視点からつくられているので、立って鑑賞すると、本来の奥行きや広がりを感じられないのです。視対象だけでなく、見る人のふるまいを想像しながら場もデザインして、はじめて風景のデザインが成り立ちます。

●水深が変わる歩き湯

　坂茂建築設計が主体で進めた歩き湯は全長が約50mあり、壁がなく外部に開かれたオープンな設えとなっています。水着で入浴するために男湯、女湯といった境界部がないことが特徴です。

　私たちは、歩き湯を取り囲む屋外空間や露天風呂の設計を担っており、全体が途切れることなく連続した空間となるように検討を進めました。これまでにない開放感と変化する視点に応じた屋外空間のあり方を模索しました。

　歩き湯の水深は一定ではなく、寝転がってようやく浸かれる深さから、胸の高さほどの深さまであり、歩くごとにどんどん水深が変わっていきます。そこで考えていたのは、歩き湯の中から見える川を挟んだ向かいの道路との関係性や、宿泊棟と歩き湯の関係性です。

●多様なレベルの視点場

　川の向かいの風景については、お湯に浸かっているときに車が通っている様子が目に入らないよう、川側に起伏のある植栽帯を設けたり、部分的に壁をつくったりと検討を重ねていきました。

　水深の深いところでは、水際に近いところから風景を見ることになります。そこで設けたのは、400mm〜500mmの小さな築山と低木です。宿泊棟からはある程度の見通しが確保された繊細な築山に見えますが、温泉の中から見ると、築山が大きな緑の壁に感じられます。緑地に囲まれた埋没感が生まれ、温浴に集中できるというわけです。

●溶け込ませるように

　芹川を眺め、水音を楽しみながら浸かることができる露天風呂を、川辺に2か所設けています。その存在が芹川や対岸の風景を覆い尽くさないように、レベルを調整して存在感を弱めています。歩き湯から宿泊棟をつなぐ園路も同様に溶け込ませるような設えとしています。

　風景として見せるもの、見せないもの、存在を感じられる程度にするものなど見え方のレベルを定め、距離、高さといった関係性を操作しながら、ひとつの風景をつくりあげることを試みているのです。

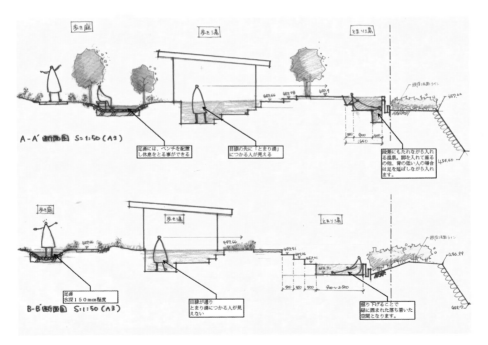

検討時の断面図

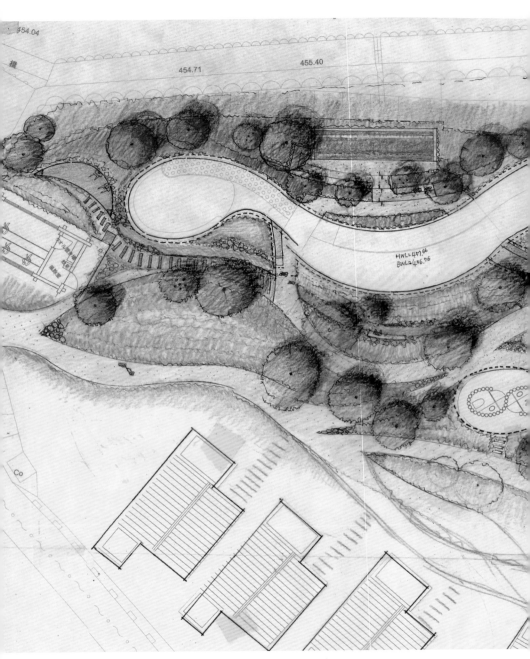

454.04

454.71 455.40

HWL=457.66
BWL=456.76

Co

初期スケッチ案。歩き湯に対して複数の道が絡み合う。歩く楽しみを検討した

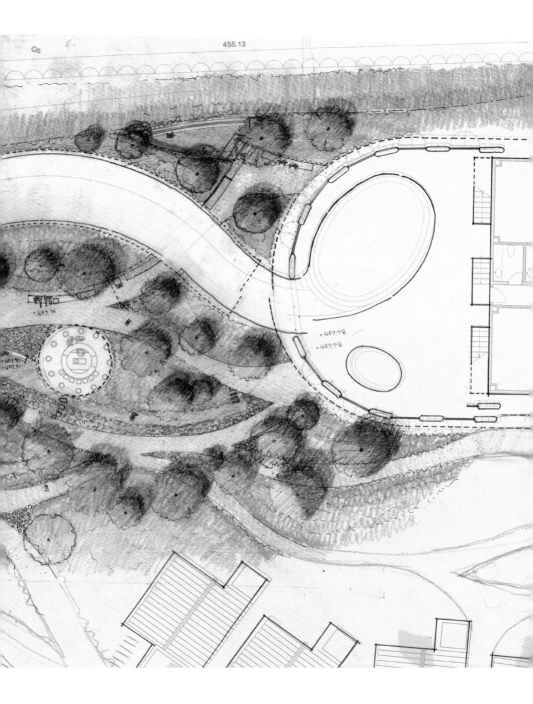

緑に囲まれた50m続く歩き湯

IV. 土地の時間軸を考える

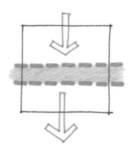

変化が計画にはみだす

・異なる官民の事業者、施工者と
　「風景に浸かる」温泉をつくる

・地域の水脈を遮らずにいざなう
　レインガーデン

・エイジングや更新を見込む

・人の視点の変化を想像し計画を練る

植物　〈高木〉ハイノキ・ケヤキ・コブシ・サルスベリ・
　　　シダレヤナギ・ヤマボウシほか
　　　〈低木地被〉キブシ・フイリアオキ・ヤツデ・シャ
　　　ガ・ツワブキ・ヤブラン・ベニシダほか

材料　別府石（石積み土留め）
　　　溶岩石（飛石）
　　　地場産割栗石（レインガーデン）
　　　スギ材（ベンチ座面）ほか

V 日常と非日常の過ごし方を考える

　ランドスケープの計画では「非日常（ハレ）・日常（ケ）で使える場づくり」を意識しています。祝祭など非日常の出来事は、日常の延長にあるもの。そのため場にはシーンを問わず利用できる柔軟さが必要です。

　場の可能性や役割を整理しながら、日常でいつでも身を寄せられるような「変わらない場」と、新しいふるまい方や使い方を創造できるような「変化を許容する余地」のバランスを調整するのが私たちの役割です。

さいき城山桜ホール周辺地区

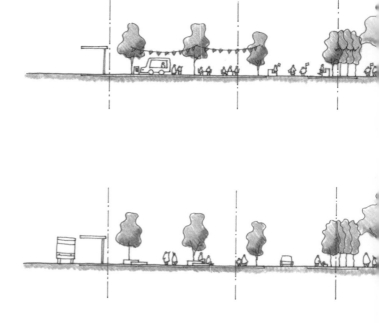

**プロジェクトの
成り立ち**

　偶然にも、「クアパーク長湯」と同じ大分県で同時期に取り組んだ計画です。計画地は、佐伯市の大手前地区。クアパーク長湯の竹田市は山間部で冬に積雪があるのに対し、佐伯市は港町で温暖な気候です。圧倒的な環境の差があったことで、同時期のプロジェクトながら、異なる性格の場ができました。

　まちには、城山と呼ばれる小高い山があり、かつてはその頂上に佐伯城がありました。計画地の方から佐伯城方面へ大勢の人がまちを練り歩く伝統行事「菊姫行列」や、大道芸など、イベントごとが多い印象の場所です。

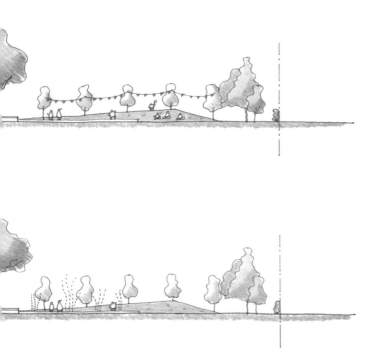

　大手前地区は、2002年に百貨店が撤退するまで、まちのにぎ
わいの中心でした。その後空き地の状態が続く中、紆余曲折を
経て、住民、市の担当者、委員会の方々の「にぎわいを取り戻し
たい」という強い思いのもと、プロジェクトが立ち上がりました。
　開発面積は約1.86ha。施設には、新設のホール、情報発信館、
公園、広場、街路、バスロータリーがあります。私たちは、屋外
空間の設計やデザイン監修を担当しました。

　　　　　　　　　　　　　V. 日常と非日常の過ごし方を考える

道、公園、広場が一体となっている

V. 日常と非日常の過ごし方を考える

ホールから眺めた、さくらごろごろパークの様子

V. 日常と非日常の過ごし方を考える

イベント時の様子。公園と道路が隔たりなく使われている

V. 日常と非日常の過ごし方を考える

「みち」をたまり場として考える

　日本では、広場文化の西洋とは異なり「みち」が日常の共同生活の場であり、非日常の祝祭の場でもありました。昨今は、車中心ではなく人中心のウォーカブルなまちづくりを目指す機運が高まっており、私たちは車道ではなく歩行空間の拡幅が叫ばれていることは望ましい潮流だと思っています。さらに、拡幅した「みち」が単なる動線で終わらず、人が滞留・滞在できるような拠りどころを内包すれば、もっとまちに人が居る風景がひろがり、魅力的な場所になることでしょう。

ぱくぱくテラスの可動式ファニチャー。組み合わせてスタンド席のようにもなる

　はじめて計画地を訪れた暑い夏の日に、ご老人がブロック塀のわずかな影を頼りにしてもたれかかっている姿を目にしました。緑陰がある快適な歩行や滞留の空間があれば、きっとあのご老人のような住民の方々にとっても、日常生活の延長の場として訪れてもらえるのではと考えました。当時は、いまほどウォーカブルなまちづくりという言葉が浸透しておらず、全国の歩行空間の事例を集め、視

察を重ねながら話し合いを進めていきました。

●木陰の居場所づくり

　ここでは、新たに並木を整備し、その木陰にベンチを置いて発生する滞留からにぎわいを生む提案をしました。しかしこれは基本構想にはないもので、一筋縄ではいきませんでした。挙がった懸念点は、道路の安全性を担保するためにベンチを固定する必要があったこ

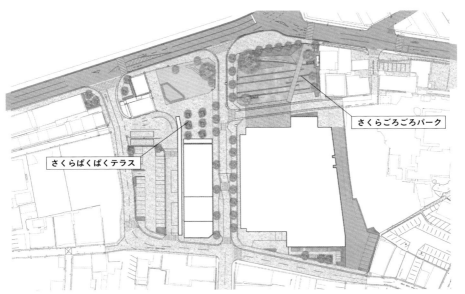

南北に走る道路とごろごろパーク前の道路はイベント時ににぎわう

とと、落ち葉やごみ清掃など日常的な手間が
かかること。しかし、市役所の方々が熱心に
地権者の方を説得し、形にすることができた
のです。

　並木は城山に向かって南北に伸びる道路沿
いに、千鳥（互い違いに）配植し、通りや室内の
どこからでも緑を感じられるようにしています。

●「みち」で一体感を

　施設広場をつなぐ「みち」は道路然とした
設えとしないことで、開発エリアが一体的な
場として認知されるのではと考えました。歩
道部には天然石の骨材を含むコンクリート平
板を、車道部には平板と同じ目地模様を入れ
た半たわみ性舗装を用い、素材感や色調を揃
えています。また、ガードレールのような横断
防止柵は設けず、利用に合わせて取り外しの

できる車止めを設置しています。

　道路を挟んだ向かいにある公園には、道路
に面して集うことができるテーブルセット、
広場にはイベント時にはスタンド席になるよ
うな可動式ファニチャーを設けています。道
路内や道路に面した場所に複数の滞留空間を
点在させることで、いつもどこかに人の気
配がする場所となっています。

　竣工後、イベント時には道路が歩行者天国
になることもあり、吹奏楽、大道芸、ダンス
など多様なイベントで道路が使われているよ
うでとても驚いています。車道と歩道を分け
るのではなく、日常から一体的な感覚を生み
出すことで、場に対する人びとのふるまいや
意識が変わってゆくのです。

　　　　　　　　　　　　　V. 日常と非日常の過ごし方を考える

木漏れ日の下で楽しそうに通学する子どもたち

場に愛着をもたせる

　子どもの頃によく遊んだ公園には、誰がつけたかわからないけれども、地域で代々受け継がれた通称がありますね。そんな、まちで暮らす人びとのミーニング（＝意味・経験）をもつ場となるためには、場がアイデンティティをもつことが大切だと思います。これは決して目立つシンボルを置くということではありません。目指しているのは人びとが共有できる物語がある場です。

名づけられた名称と愛着がわくロゴデザイン。ぱくぱくのP。公園はごろごろのGマークになっている

　着工後に二つの大きな決断がありました。ひとつは広場と公園の名称です。ホールの名称は一般公募によって「さいき城山桜ホール」と決まりましたが、公園と広場には、都市計画上の仮の名称しかありませんでした。そこで工事と並行しながら、市の担当者や役所の方々とその家族を巻き込み、緊急ネーミング会議を開くこととなりました。大人も子どもも愛着をもち、つい呼びたくなるような名前

がよい。そんな熱意はすぐに伝播し、役所の方から「ごろごろ」、「ぱくぱく」といったオノマトペ案や、ホールと合わせ「さくら」を入れる案など、多くのアイデアが出てきました。

　最終的に、公園は芝生でゆっくりと過ごしてもらいたいという意図から「さくらごろごろパーク」、広場にはキッチンカーが来て、食事を楽しめるような場になってほしいという意図から「さくらぱくぱくテラス」に決定し

ました。設計中に詰めきれていなかった具体
な利用イメージを共有できたという意味でも、
重要な時間だったように思います。

　広場や公園のロゴはホールのロゴデザイン
を担当した地元のグラフィックデザイナーが
まとめ、工事終盤に滑り込みでつくられてい
きました。多くの思いが折り重なり、名称も
ヴィジュアルも愛着をもてるような内容とな
りました。

　もうひとつの大きな決断はシンボルツリー
の移植です。「さくらごろごろパーク」のス
テージ脇に配植されたエノキの大木は当初の
計画にはなかったものです。しかし、工事も
終盤というときに市の担当の方から、「廃校

になった学校のシンボルだった木をなんとか
移植したい」という相談を受けたのです。巨
木のため枯損のリスクなどを考えると不安も
ありました。しかしながら、市の担当者の熱
意に感化され、設計の変更を決断しました。

　エノキの周りの植栽帯を広げ、地下水位が
高い場所であることからかさ上げをするため
の土留めを設けました。土留めは単なる壁で
なく、テーブル席にする設えとしました。移
植作業は大変なもので、輸送は前日夜間に多
くの警備員を配置し、道路を封鎖しながら行
われたのです。

　輸送した日の夜、「エノキを植える瞬間を、
いつも公園の横を通学する子どもたちに見

集まってくれた小学生へ熱心に説明する市の職員

154

吊り上げられたエノキの大木を歩道橋から見上げる子どもたち

せられたらよかったですね」と話していたところ、翌朝現場には授業時間にもかかわらず、多くの子どもたちと引率の先生の姿があり、驚かされました。市の担当者が小学校の校長にかけ合ったそうです。現場に来られなかった生徒たちも教室のバルコニーに出て、遠くからも移植現場を見ていました。エノキが吊り上げられ、地に下ろされる様子を、声を上げながら見ている子どもたちに対して、誇らしげに説明する市の担当者の顔や移植で腕を振るう職人さんの背中を見ながら、プロジェクトの成功を確信しました。

校長先生にかけ合ってくれた市の担当者のように、ひとりでも多くそのまちの人が「自分ごと」として行動してくれると、自然と周りの人びとも感化され、相乗効果が生まれていくのです。

V. 日常と非日常の過ごし方を考える

まちの人が主役になれる場をつくる

　小さな女の子がスポットライトを浴びてくるくると踊る——。オランダのロッテルダムにある映画館と一体となった広場「シアタースクエア」（設計：WEST 8）で、留学中に私が目撃した光景です。おそらく女の子の中では、広場が映画に出てきた舞台のように感じられていたのでしょう。その姿を見てから、さまざまなプロジェクトでパブリックスペースの中に誰もが「主役」になれるような、屋外の常設型のステージや展示スペースなどを提案しています。

日常風景。ここを貸し切れば音楽ライブやダンスパフォーマンスができるようなステージとなる

　「さくらごろごろパーク」は、表現の場をいくつか内包しています。

　そのひとつは公園の北側にある「ステージと築山」です。築山を計画したのは、芝生広場からステージを眺めた際に、築山が道路の喧騒を和らげ、観客が演者に集中できると考えたからです。日常的には、ミストや水景で遊ぶ子どもと、そのそばで見守る大人の姿を見ることができます。

　ハード面の整備と併せて「広場やステージを貸し切れるしくみ」も提案しました。広場を区分けし、エリアごとに利用料金や時間を定めてはどうかと考えたのです。ここには二つの意図があります。第一にオフィシャルに

チョークボードは子どもから大人までの表現の場となっている

貸し切るルールがあることで、屋外のパフォーマンスに周囲のまちの人の理解を得やすいということ。第二に、自己表現をしてみたい人の手助けになるということです。室内のホールに感じるハードルの高さは、屋外にはありません。気軽に挑戦できる上、あえてホールと同じ要領で場所を借りる手順を踏むことで、発表者にとって広場がステージに生まれ変わるのです。

実際、私たちがかかわった三重県の「津市久居アルスプラザ」や広島県三原市の「キオラスクエア」では、運営側の努力もあり、広場や屋外ステージなどが有料で貸し出され、プロのミュージシャンのライブや地域住民のフラダンスの発表などさまざまなイベントが開催されています。日常空間に非日常が現れ、発表者も観客もこれまでになかった接点が生まれたと思います。

もうひとつの表現の場は、屋外の「チョークボード」です。水景設備の目隠し壁を転用したもので、この壁は北側から訪れた際に最初に目にする場所にあります。イベント時には、大人も子どももアーティストになって、自由にチョークアートを楽しみます。

このように、公共の場所で一時的に場所を借り、他者と共有するチャンスがあるということに可能性が秘められていると考えています。気軽にトライできる自己表現の場は、YouTubeやInstagramなど、ネット上には広がっていますが、リアルの場所ではまだまだ少ないと思います。この日常から一歩を踏み出せる場所が、アーティストを志す気持ちを後押しすることを願っています。

V. 日常と非日常の過ごし方を考える

移植されたエノキが公園で過ごす子どもたちを見守っている

V. 日常と非日常の過ごし方を考える

［ダイアグラム］

さいき城山桜ホール周辺地区

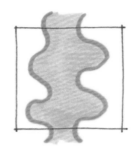

日常 と 非日常 がはみだす

・百貨店撤退後の空き地ににぎわいを取り戻す

・日常の延長線上に非日常を位置づけ、
　どちらも利用できる場をつくる

・建物、道路、公園が一体となるシーンを描く

・まちの人が主役になれる場所を潜ませて
　日常と非日常のワクワクを生む

植物　〈高木〉イチョウ（移植）・シマトネリコ・アオハダ・エノキ（移植）・シマサルスベリ・ヤマザクラ〈低木地被〉コクチナシ・シルバープリベット・ハナゾノツクバネウツギ・ホソバヒイラギナンテン・ヤツデ・ユキヤナギ・コウライシバほか	**材料**　人造大理石（ベンチ・テーブル）PCコンクリート天端（カラーコンクリート、骨材研磨仕上げ）フトンカゴほか

　何も考えずに佇める、そんな「無目的」が目的になる居場所が
もっとあるべきです。ふと足を止め、鳥のさえずり、風の音、草木
の揺らぎや匂いなどに気づくと、場の解像度がいつもより上がっ
ていきますね。

　そういった居場所や、ふと落ち着ける空間をつくるにはどうし
たらよいか、どのプロジェクトでも試行錯誤を繰り返しています。
木陰や風の抜け方、動線との関係などを意図した配置、使う人が
自ら居場所を発見していく行動、そのすべてが欠かせません。

居場所がはみだす

Nagasaki Job Port

**プロジェクトの
成り立ち**

　私たちの事務所のホームページでは、プロジェクトを「営み
と暮らしを支える場」、「営みの場」、「暮らしの場」の3分類で
まとめています。施設のプログラムに合わせた場づくりでは
なく、その土地の文脈から生まれる特別な空間や体験が、風
景として共有されることを大切にしているため、この分類と
しています。理想はこの分類すらない、暮らしと営み、それ
を支えるまちが渾然一体となった風景です。
　「Nagasaki Job Port」は、そんな考え方を確信できるよう
なプロジェクトでした。長崎市街地から少し離れた工業団地

162

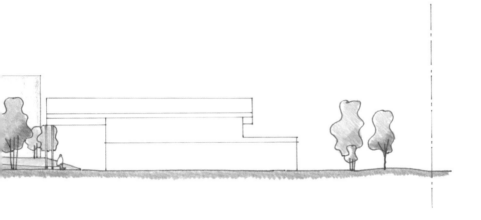

　の一角にあるこの施設は、就労継続支援Ｂ型事業所と呼ばれ
るものです。

　ダウン症や自閉症をはじめとする知的障がいをもつ方々が職
業訓練や生活指導を受ける場所です。40名ほどの利用者が朝
から夕方まで集団生活を営みながら、お菓子の箱詰め、箱の組
み立て、縫製などの軽作業を行います。

　計画では、作業所として必要な荷捌きスペースや駐車場の
ほかに大きな芝生の広場と、作業場所と食堂から見える二つ
のたまり空間を提案しました。作業場所や職員の事務所から

　　　　　　　　　　　　　　　　　　　VI. 場所と向き合うきっかけを考える

は、大きな芝生の広場が見渡せます。作業場に面した北側の窓先には縁側があり、隣地の竹林が風でそよぐ様子を感じることができます。食堂に面したたまり空間には、残した桜の木の足元に土留めを兼ねたベンチを設けていて、食後に談笑したり、花見を楽しんだりできます。

作業場から見える風景。居場所が内外に点在する

既存の桜の木を残す形状のベンチ

　　　　　　　　　　　　　　　VI. 場所と向き合うきっかけを考える

VI. 場所と向き合うきっかけを考える

仕切らずに適度な囲われ感をつくる

　境界部の設計では、周囲の状況を観察することからはじめ、周囲の状況と呼応した設えを模索します。たとえば、隣地が住宅なら、開口部や間取りを確認して、見合いの有無を検討。道路なら、往来する車や人の存在感を考えます。川や公園などのオープンスペースなら、空間の抜けを活かす方法を模索します。

　大切なことは、新たに生まれる場所が、まちの風景に溶け込み、敷地内外の人にとって居心地がよいと感じられることです。

　福祉施設の多くは、利用者の安全性という観点から閉ざされた設えの施設が多く見られます。私も計画をはじめるまで、境界部には門や塀の整備が必要だと考えていました。

　しかしそれは思い違いでした。施設職員から「雛鳥をイメージしてください。逃げないように包み込もうとすると逃げてしまう。手のひらを広げているとその場にとどまるでしょう」とアドバイスをいただいたのです。たし

かに、障がいの有無を問わず、私たち人間の多くは、閉ざされて生きることに窮屈さや疎外感をもちます。しかし心地よくて安心できる場所であれば、その場所にとどまりたくなります。そんな、人と場の本質的な関係性を教わりました。

　道路の向かいは、建設資材のリースや物流の会社が立ち並ぶため、トラックなどの大型車の往来があります。それらの道路の喧騒を

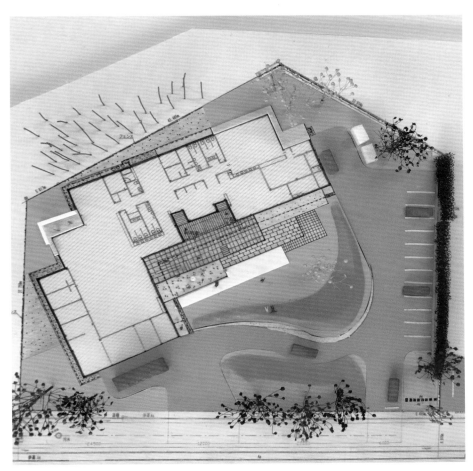

複数の築山で囲われ感をつくった

やわらげつつ、閉鎖的でない設えが大切だと考えました。計画では、建物側に計画した芝生広場と一体となった築山と道路側の築山で、奥行きをもちながら囲われ感をつくるようにしています。築山の頂点の位置や高さを変えて、居る場所や視点の高さによって、異なる印象をもたらします。また施設内で過ごす大半を作業時間が占めるため、座った視点からの見え方も大切にしています。

VI. 場所と向き合うきっかけを考える

多様なふるまいを生み出すファニチャーを点在させる

　ファニチャーづくりは、眺望を楽しめてごろごろできる大きな木の陰や、安心できる築山の脇など、少しでも長居したくなったり、何度も訪れたくなったりするような場所探しからはじまります。それから、その場所にあった設えを考えるのです。

　場合によっては、ファニチャーを設けないという選択肢もあります。芝生の丘や木の足元、もともとあった岩がそのまま拠りどころになってもよいのです。

建築内部の床と同様に、舗装をパッチワークのように切り替えた

●広場の集いのファニチャー

　芝生広場には、大人数で利用できる縁台のような大きなファニチャーを計画しました。広場は年に数回、利用者やその家族、関係者50名以上が集まる、餅つきなどのイベントスペースとして使われます。

　ベンチの一部は、自由に動かせることができ、立ちテーブルの脇で作業をしたり、ベンチを荷物置きにしたりと使うシーンによって調整できるようにしています。

　ファニチャーにおいて座面幅は重要な要素です。一般的な400mmの座面では座る機能

しか生まれませんが、500mmであれば後ろに手がつけます。座面幅でふるまいが変わるのです。このベンチの一部の座面幅は1500mm。これくらい広いと、寝そべることもできます。

　ほかにも机に向かって座ったり、反対の築山側に座ったりと、自由に思い思いに過ごすことができます。多様な座面幅のベンチや動かせるベンチがあることで、より多様なふるまいを受け入れることができます。

●縦樋の雨水受けを兼ねたベンチ

　玄関前や芝生広場の中心から少し離れたところには、ヒューム管を用いた小さな円形ベンチを設けました。縦樋の雨受けとなっていて、割栗石の表面を伝いながら、したたり落ちる雨音が内部で反響する水琴窟のような効果が生まれます。晴れの日は、庇の下で休みながら広場で集う人を少し離れた場所から眺めて過ごすことができ、雨の日は、音の効果でここに腰かけているととても落ち着いた気分になれます。小さくても身をゆだねられるような居場所があることで、その土地とのつながりが生まれます。

サインを兼ねたベンチ。まちの人も自由に利用できる

●みんなの得意を活かす場づくり

　「石巻」のプロジェクトをきっかけに、こ
こでも施設の利用者とともに場をつくれな
いかと考えました。利用者の丁寧な作業に、
ものづくりへの誠実さを感じたことも理由の
ひとつです。

　そこで縁台ファニチャー、円形ベンチ、テ
ラスなどで使う大量の木材に柿渋を塗る作業
を計画しました。職人が切り出した木材は、
実に丁寧に塗られていきました。大変な作業
を利用者と職員の方のサポートで成し遂げる
ことができたのです。工事の工期が差し迫る
中、協力してくださった施工者や職人の方々
にも感謝しています。広場の桜の木も、みん
なで植えたものです。

　その翌日の現場で通りがかった利用者が、
あの木は自分が植えて、ベンチもつくったと
話してくれ、心の奥が温かくなりました。誰
もが、場づくりにかかわりをもつことで、自分
ごと化し、愛着をもてるのです。かかわりの
積み重ねでできた場所は、記憶に残るような
唯一無二の場所になると思います。

　人の目線や主観でつくられる設計ではなく、
自然や場に身をゆだねながら、あるべき姿に
寄り添う風景づくりが、私たちの目指すランド
スケープデザインです。その結果、誰かの心の
拠りどころや、その人を支える原風景になる
ような芯とおおらかさをもった場をこれから
も生み出すことができればと思っています。

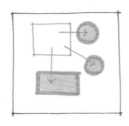

居場所がはみだす

・就労継続支援B型事業所の整備

・築山で適度な囲われ感をつくり、閉じすぎない

・ひとりひとりの選択肢をもちながら
　一体感を感じられる場づくり

・使い手の多様なふるまいを受け止める、
　大きな集いのファニチャー

植物　〈高木〉カゴノキ・常緑ヤマボウシ・サルスベリ・
　　　ジュウガツザクラほか
　　　〈低木地被〉キリシマツツジ・ナンテン・ヒイラギ
　　　モクセイ・フイリアオキ・ミヤマキリシマ'藤娘'・
　　　ノシバほか

材料　スギ材柿渋塗装
　　　ヒューム管
　　　長崎市近郊産砕石
　　　特殊モルタル土系舗装

175　　　　　　　　　　　　　　　　　　　　VI. 場所と向き合うきっかけを考える

プロジェクト一覧

1 石巻・川の上プロジェクト

宮城県石巻市

N 0 10 50 100 (m)

Ⅰ期	百俵館・黒石の広場
期間	設計：2014年4月〜2014年7月
	施工：2014年8月〜2015年4月
面積	敷地面積：363.76㎡
	建築面積：95.23㎡
用途	広場、図書館、カフェ
施主	石巻・川の上プロジェクト
共働	石巻・川の上プロジェクト
	Like Bla Re
	prsm
	Experience Design office
	ONO BRAND DESIGN
	山下 匡紀
施工	三浦造園土木
	平塚緑化建設
	三富建築
	県内外ボランティア

2期	耕人館・たねもみ広場
期間	設計：2017年7月〜2017年11月
	施工：2018年2月〜2018年4月
面積	200㎡
用途	広場、集会所、学習塾
施主	石巻・川の上プロジェクト
共働	石巻・川の上プロジェクト
	wip
	ONO BRAND DESIGN
	山下匡紀
施工	三浦造園土木
	三浦富雄
	県内外ボランティア

2 町田薬師池公園四季彩の杜西園 ウェルカムゲート

東京都町田市

3 那須塩原市図書館みるる + 駅前広場

栃木県那須塩原市

期間　設計：2016年11月〜2018年3月
　　　施工：1期 2018年6月〜2019年2月
　　　　　　2期 2019年4月〜2020年3月
面積　敷地面積：30,752.35㎡
　　　建築面積：864.38㎡
用途　公園、情報センター、物販、飲食、コミュニティ
　　　スペース
施主　町田市
ブランドマネージャー（企画・計画）　connel
共働　山田伸彦建築設計事務所・スタジオテラ設計共同体
　　　（代表　山田伸彦建築設計事務所）
　　　建築　山田伸彦建築設計事務所
　　　　　　設計監理協力　牛島隆敬建築設計事務所
　　　設備　Comodo 設備計画
　　　構造　正木構造研究所
　　　照明　FIG Lighting Design
施工　土木1期：多摩住起
　　　土木2期：南州建設開発興業
　　　造園：柏木園
　　　建築：システム・ハウジング
　　　電気工事：電巧社、電友社
　　　給排水衛生工事：タケダ
　　　空気調和設備工事：アサヒ設備

期間　設計：2016年4月〜2017年3月
　　　施工：2017年12月〜2020年1月
面積　図書館敷地面積：4,011.49㎡
　　　図書館建築面積：3,078.21㎡
用途　図書館、駅前広場
施主　那須塩原市
共働　UAo
　　　岡安泉照明設計事務所
　　　知久設備計画研究所
　　　EOSplus　ほか
施工　図書館：石川・生駒・万特定建設工事共同企業体
　　　広場：薄井土木

4 能作新社屋・新工場

富山県高岡市

5 NICCAイノベーションセンター

福井県福井市

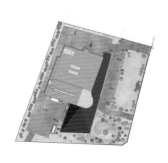

期間	設計：2016年1月〜 2016年6月
	施工：2016年7月〜 2017年3月
面積	敷地面積：13,436㎡
	建築面積：3,845㎡
用途	事務所、工場（見学可）、カフェ、ショップ、体験工房
施主	能作
共働	t.c.k.w
	Koizumi Studio
	水野図案室
	アーキヴィジョン広谷スタジオ
	シリウスライティングオフィス
施工	塩谷建設
	新和建設

期間	設計：2015年8月〜 2016年3月
	施工：2016年9月〜 2017年10月
面積	敷地面積：12,360.37㎡
	建築面積：2,838.51㎡
用途	事務所
施主	日華化学
共働	小堀哲夫建築設計事務所
	Arup
	岡安泉照明設計事務所
	安東陽子デザイン
	総合意匠企画きはら
施工	清水建設
	谷口建設
	土井造園土木
	ベルックス

6　星野リゾート リゾナーレ那須

栃木県那須郡那須町

7　クアパーク長湯

大分県竹田市

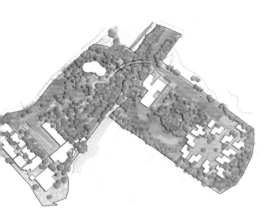

期間　設計：2016年12月〜2018年10月
　　　施工：2018年12月〜2019年7月
面積　約10.26ha
用途　宿泊施設、アクティビティセンター、橋
施主　星野リゾート
共働　クライン ダイサム アーキテクツ
　　　テクトニカ建築エネルギー研究所
　　　FDS
施工　東武建設
　　　シェルター
　　　坂本鉄鋼建設
　　　東武緑地

期間　2016年2月〜2019年5月
面積　敷地面積 5,171㎡（1期：2,441㎡／2期：2,730㎡）
　　　建築面積 1,333㎡（1期：559㎡／2期：744㎡）
用途　1期：温浴施設
　　　2期：レストラン、宿泊施設
施主　1期：竹田市
　　　2期：長湯ホットタブ
共働　坂茂建築設計
　　　石川初（プロポーザル時）
　　　知久設備計画研究所
　　　岩井達弥光景デザイン
施工　1期：森田建設
　　　　　　内山緑地建設
　　　2期：藤和建設
　　　　　　安藤庭園

8 さいき城山桜ホール周辺地区

大分県佐伯市

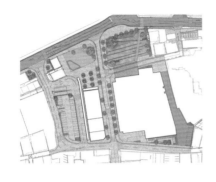

9 Nagasaki Job Port

長崎県長崎市

期間	設計：2016年3月〜2017年10月
	施工：2018年10月〜2020年8月
面積	約 1.86ha
用途	公園、広場、ポケットパーク、道路、街路、バスターミナル、駐車場、ホール
施主	佐伯市
共働	アドバイザー：柴田久（福岡大学景観まちづくり研究室） 久米設計 海藤設計事務所
施工	ごろごろパーク：丸和土木、早瀬造園 ぱくぱくテラス：小田開発工業、磯田緑地 ホール：熊谷組・菅組・佐々木建設特定建設工事共同企業体 ホール造園：ウェルテック　ほか

期間	設計：2016年9月〜2017年5月
	施工：2017年8月〜2018年4月
面積	敷地面積：4,153.84㎡
	建築面積：1,284.34㎡
用途	就労継続支援B型事業所
施主	社会福祉法人武正会
共働	Eureka Atlier scale Studio Akane Moriyama
施工	大進建設 共楽園緑化建設 施設関係者のみなさん

これからのはみだし

2020年〜現在までのプロジェクトから
未来につながる「はみだし」を紹介します

LEAF COURT PLUS（リーフコートプラス）

東京都渋谷区

建築主：荒井商店

設計：ジーク（実施設計）

「働く」と「暮らす」が互いにはみだす

バイオフィリックデザインを導入し、中長期滞在型の集合住宅をリニューアルしました。コロナ禍で暮らす場と働く場の境界があいまいになる中、心のリセットができる場を意識したプロジェクトです。

ゆとりのある共用部空間を活かして、カフェ、ワークスペース、打ち合わせルーム、ジムなどを整備しています。インテリアのデザインにもはじめて挑戦しました。

ここで私たちがこだわったことは、人間中心ではなく、植物中心に環境を整えること。植物が生き生きとできてはじめて人がエネルギーを得られると考え、自然に近い光の変化や、空気の流れ、土中の湿度についても調整しています。中庭はオープンエアで、室内の延長線上のような雰囲気ながら風や鳥のさえずりを感じられます。

鈴森 village

埼玉県和光市

建築主：鈴森

設計：スターパイロッツ

動植物の領域がはみだす

　緑に包まれた環境共生型賃貸住宅の計画です。ここでは、雨水に着目しました。建物沿いに配置した植物プランターには、潅水設備を設けず、屋根の雨水を縦樋や横に這わせた浸透管で行き渡らせています。植物の環境が整い植物が育つと、日差しが和らぎ建物を冷やす上、向かいの住宅との緩衝帯にもなり、住環境が豊かになります。

　鳥や蝶たちが集うような樹木を多数配植しているので、都市でありながら生き物たちの息づかいを感じることができます。動植物にとって心地よい環境は、人間にとっても暮らしやすい環境だと考え、生き物とともに呼吸できるランドスケープデザインとしました。

八代市庁舎

熊本県八代市

建築主：八代市
設計：久米設計

公の場がまちにはみだす

　中心部にありながら人が寄り付かなかった庁舎を、にぎわいの場へと変化させました。

　東西を八代城跡公園と病院に挟まれ、北側に小・中・高等学校、南側には商店街につながる「こいこい通り」、という立地を活かし、通り抜けられる散策路と、イベントや休息の場となるような広場を計画しました。どこへでもつながりやすいよう、どこから見ても裏側に見えないような設えを心がけています。

　現在、広場や「こいこい通り」ではイベントが開かれ、「公」の庁舎が「私」の地域の人々の暮らしに溶け込み始めています。

大阪中之島美術館

大阪府大阪市

建築主：大阪市
設計：遠藤克彦建築研究所

創造の場がはみだす

　美術館が日常の場になるような「地形」を
ランドスケープでデザインしました。

　建築は、周辺から大きくセットバックし、浮
遊しているような印象の黒色の直方体。2階レ
ベルにエントランスがある面では、1階レベル
のまちからおおらかに高低差をつなぐ「大地」
のイメージで積極的に緑化を行い、緩勾配の
園路を計画しています。ベンチやカウンター
などを点在させ、誰でも休憩・滞在ができる

設えです。また芝生広場ではイベントやテン
ポラリーな展示も行われています。

　アートを目的にしていなくても、目につく
美術館へ自然と多くの人がいざなわれ、人や
アートとの出会いの予感が生まれる場を目指
しました。

ノミガワスタジオ

東京都大田区

スタジオテラがまちにはみだす

　働く場の事務所空間と人々が生活するまち
をつなげる興味から、私たちの事務所の1階
にギャラリー＆イベントスペースを Baobab
Design Company のアベケイスケさんと共同
運営しています。

　平日は社員食堂や打ち合わせの場ですが、
金曜日と土曜日の午後は、棚貸しの本屋（ブッ
クスタジオ）に変化します。棚主の方たちと
協力しながら店番や、展示や朝市、演劇など

の企画をしています。事務所でありながらも、
まちの人たちの居場所でもあるのです。近所
の方と話したり、子どもが遊ぶ姿を見たり、
コーヒーをふるまったりと、私たちもまちに
はみだしながら得た学びは、これからの場づ
くりへ自然と還元されていくことでしょう。

 https://studio-terra.jp

著者略歴　　**石井秀幸**

ランドスケープアーキテクト。1979年 東京生まれ。

2005年 オランダのベルラーへ・インスティテュート卒業。

久米設計、LPD を経て、2013年 株式会社スタジオテラを設立。

現在、山梨県景観アドバイザー、武蔵野美術大学・東京理科大学非常勤講師。

野田亜木子

ランドスケープアーキテクト。1981年 東京生まれ。

2005年 関東学院大学大学院工学研究科建築学専攻修了。

オンサイト計画設計事務所を経て、2015年 株式会社スタジオテラ パートナー就任。

現在、関東学院大学非常勤講師。

受賞歴　　2021年 都市景観大賞 都市空間部門 優秀賞
（さいき城山桜ホール周辺地区）

2020年度 日本造園学会賞 設計作品部門
（町田薬師池公園四季彩の杜西園ウェルカムゲート）

2019年 屋上・壁面緑化技術コンクール 環境大臣賞
（江東区立有明西学園）

2018年 グッドデザインベスト100
（石巻・川の上プロジェクト2期）

2015年 グッドデザイン・復興デザイン賞
（石巻・川の上プロジェクト1期）

グッドデザイン賞
（那須塩原市図書館みるる / 町田薬師池公園四季彩の杜西園ウェルカムゲート / 能作新社屋・新工場）

スタジオテラ

書籍担当   井上陽水

事務所メンバー	石井秀幸	渡邊聡美	OB スタッフ	尾林明	王書洪
	野田亜木子	鈴本麻由美		杉山芳里	大久保春香
	汲田楓	井上陽水		久保沙織	小宮山雛子
	胡博文	小池恵（広報）			
	渡邉絵利加				

デザイン   石曽根昭仁（ishisone design）

写真撮影・提供

Chang Kim：pp14-15

土屋聡：p19

阿野太一：pp60-63 / pp70-71 / p73

車田保：pp80-81

能作：p82

石黒美雪：p85（上）/ pp88-89 / p92

新井隆弘写真事務所：pp96-97 / p102

ナカサアンドパートナーズ：pp112-113

吉田誠（吉田写真事務所）：pp32-35 / p41（上）/ pp42-47 / p49（下）/ pp50-51 / p55 / pp116-117 / p119（下）/ pp120-121

平井広行（平井写真事務所）：pp128-130 / pp132-133 / pp138-139

船来洋志、日吉祥太（川澄・小林研二写真事務所）：pp144-147 / p150 / p152 / pp158-159

大倉英揮（黒目写真館）：pp166-167 / p170 / pp174-175

Klein Dytham architecture：pp110-111

星野リゾート　リゾナーレ那須：p118

篠澤建築写真事務所：p184

中村晃：p185

YASHIRO PHOTO OFFICE：p186

髙橋菜生：p187

オカダタカオ：p188

佐伯市役所：pp148-149 / p153 / pp156-157

＊特記以外の写真・図面・スケッチはすべてスタジオテラ提供による

おわりに

事務所を立ち上げ10年。
ランドスケープアーキテクトとして場づくりと向き合い、18年。
本書のとりまとめは、これまでの月日を思い起こすと同時に、これからの風景づくりに対して、思いを馳せる貴重な時間となった。

本書に掲載したプロジェクトも、しきれなかったプロジェクトも同じくらいの熱量と試みが詰まっている。これらの試みは、無論私たち二人だけではなし得ることができなかったものだ。理解していただいた事業者、共働していただいた事務所、その後の管理をされている方々、指導してくださった諸先輩方、OB・OGを含むスタジオテラのメンバー、友人、そして家族、すべての人たちとの対話の時間が形になっている。

本書の作成にご尽力頂いた4名にも心から感謝している。
まずはオーム社の三井渉さん。知人の建築家が発刊した愛に満ち溢れた本を拝見し、いつか書籍を出す際は、この編集者さんにお願いしたいと心に秘めた数年後「書籍をつくりませんか?」と三井さんに声を掛けていただいた際は、声を出して喜んだのをいまでも覚えている。それから同じくオーム社の高木彩情さん、装丁デザインを担当された石曽根昭仁さん、筆が進まない私たちを事務所メンバーとして粘り強く支えてくれた井上陽水さん。素晴らしいチームでの仕事は、場づくりと同様に刺激と学びに満ちた時間だった。

いつの日か自分たちがこの世から消えても、人の心に残り続け、受け継がれるような場を目指し、これからも取り組み続けたいと思う。

2023年6月
スタジオテラ
石井秀幸　野田亜木子

地域を変えるランドスケープ
はみだしの設計思考

2023 年 7 月 13 日　　　第 1 版第 1 刷発行

著　　者　　石井秀幸 + 野田亜木子
発 行 者　　村上和夫
発 行 所　　株式会社 オーム社
　　　　　　郵便番号　101-8460
　　　　　　東京都千代田区神田錦町 3-1
　　　　　　電話　03(3233)0641(代表)
　　　　　　URL　https://www.ohmsha.co.jp/

© 石井秀幸 + 野田亜木子 2023

印刷　三美印刷　　製本　牧製本印刷
ISBN978-4-274-23013-4　Printed in Japan

本書の感想募集　https://www.ohmsha.co.jp/kansou/

本書をお読みになった感想を上記サイトまでお寄せください。
お寄せいただいた方には、抽選でプレゼントを差し上げます。